rororo panther
herausgegeben von
Jutta Lieck und Uwe Wandrey

Alexander Goeb

Er war sechzehn, als man ihn hängte

Das kurze Leben
des Widerstandskämpfers
Bartholomäus Schink

Rowohlt

Alexander Goeb, geb. 1940. «Ich wollte schon immer Journalist werden, aber das war gar nicht so einfach: ohne Schulabschluß, zweimal sitzengeblieben. Also hab ich erst mal eine kaufmännische Lehre in einem Zeitungsverlag gemacht. Die Redaktion war auf der gleichen Etage. Nach und nach hab ich mich da eingeschlichen und meine ersten Artikel geschrieben. Von da ab ging es unaufhaltsam auf und ab: Arbeit als Hilfsarbeiter, Werbetexter, Journalist.» Heute Redakteur bei der «Deutschen Volkszeitung», lebt in Köln. Nach «Das Drogenbuch», rororo panther 4690/1981 (zusammen mit Dieter Bongartz), legt der Autor hiermit sein zweites Buch innerhalb der panther-Reihe vor.

Originalausgabe
Veröffentlicht im Rowohlt Taschenbuch Verlag GmbH,
Reinbek bei Hamburg, Juli 1981
Copyright © 1981 by Rowohlt Taschenbuch Verlag GmbH,
Reinbek bei Hamburg
Fotos im Text siehe Quellennachweis
Umschlagentwurf Dieter Wiesmüller
Alle Rechte vorbehalten
Gesetzt aus der Garamond (Linotron 404)
Gesamtherstellung Clausen & Bosse, Leck
Printed in Germany
580-ISBN 3 499 14768 8

Inhalt

An den Leser 7
Personenverzeichnis 11
Lagerfeuer im Königsforst 12
Der erste Prozeß 20
Der Frisör Spieroth 21
Vorbereitung der Treibjagd 26
Lischkas Sabotagekommission 30
Unterricht in Rassenkunde 32
Gemeinsam mit den Nonnen 37
Lebensmittelkarten von der NSDAP 39
Das Tänzchen im «Bösen Wolf» 43
Die Cliquen 46
Bomben-Hans kommt 48
Die Entgleisung 51
Ukrainischer Weizen 53
Zwangsarbeiter 59
Die Erschießung des Ortsgruppenleiters 62
Barthels Gitarre 65
Die Rede des Führers 70
Schönsteinstr. 7 72
Der neue Mut 76
Warnung 80
Befreiungsversuch 83
Zukunftspläne 88
Die Festnahmen 94
Erkennungsmarken für Ostarbeiter 96
Die Nachricht 101
Schäng wird gefaßt 105
Edelweißpiraten sind treu 107
Zellenwände 109

Barthel wird gefoltert 111
Ausbruchsversuch 114
Frauen in Gestapohaft 117
Barthel und Schäng 119
Ich gestehe 122
Die Hinrichtung 126
Zerschlagung 130
Die Überlebenden 136
Der Kampf um Anerkennung 139
Die Behörde spricht 147
Anmerkungen 155
Quellennachweis der Abbildungen 159

An den Leser

Diese Geschichte ist die Geschichte einer Hetzjagd. Sie endet mit dem Tod des Gejagten im November 1944.

Der sechzehnjährige Bartholomäus Schink starb zusammen mit seinen Freunden am Galgen. Öffentlich exekutiert durch die Schergen Hitlers.

Barthel Schink und fünf weitere Jugendliche, die mit ihm zusammen ermordet wurden, waren Mitglieder einer Jugendgruppe der Edelweißpiraten. Ähnliche Zusammenschlüsse gab es unter den Namen Kittelbachpiraten und Navajos.

Sie bildeten sich schon kurz nach der Machtübernahme der Nazis 1933. Manche dieser Gruppen, so auch die Edelweißpiraten, waren von der Bündischen Jugend[1] inspiriert, die in den Jahren 1933/34, wie auch die Jugendorganisationen der politischen Parteien außerhalb der NSDAP[2], verboten wurden. Am 1. Dezember 1936 wurde per Gesetz die Hitlerjugend[3] zur allein zugelassenen Jugendorganisation. Lediglich die kirchlichen Jugendgruppen fristeten noch ein argwöhnisch bewachtes, halblegales Dasein.

Die Edelweißpiraten verstanden sich und ihre Aktivitäten als Protest gegen das normierte Gruppenleben der Hitlerjugend.

Sie haßten den militärischen Druck der HJ. Und sie haßten die Ideologie der Nazis.

Die Gruppen der Edelweißpiraten bildeten sich meist spontan, nicht organisiert. Sie hatten kein klar umrissenes politisches Programm, das auf einem theoretischen Konzept beruhte. Ihre soziale Herkunft – die Edelweißpiraten kamen fast ausnahmslos aus der Arbeiterschicht –, ihre Opposition gegen den Nationalsozialismus, die tagtäglichen Konfrontationen mit der Gewalt der Nazis, das waren verbindende Momente, die die Jugendlichen zusammenschlossen und zu einer emotionalen Protesthaltung führten.

Ihre Opposition zeigte sich auch in ihrer Kleidung, die deutlich von der herrschenden Norm abwich. Ein Erkennungsmerkmal war zunächst das Edelweißabzeichen. Dann Manchesterhosen, bunt karierte Hemden, Halstücher, auffallende Gürtel, weiße Kniestrümpfe.

Die Edelweißpiraten hatten eine Vorliebe für Wander- und Dampferfahrten, für Lagerfeuer – Romantik und Gitarrenspiel. Und sie sangen Lieder, die oft von der Bündischen Jugend übernommen wurden, die sie umdichteten, denen sie antinationalsozialistische Texte unterlegten (z. B.: «Hei, wie die Fahrtenmesser blitzen und die Hitlerjungen flitzen»).

Die Ablehnung der HJ führte schon früh zu schweren Auseinandersetzungen. Die HJ richtete daraufhin einen besonderen Streifendienst ein, deren Mitglieder die Edelweißpiraten notfalls mit Gewalt zur Räson bringen sollten.

Ab 1943 nahmen die Edelweißpiraten in Köln, besonders im Arbeiterstadtteil Ehrenfeld, Kontakt zur politischen Opposition auf. Langsam entstand die sogenannte Ehrenfelder Gruppe, oder wie sie von den Nazis genannt wurde, die «Ehrenfelder Bande». Sie bestand aus Edelweißpiraten, aus Deserteuren, geflüchteten Zwangsarbeitern und anderen illegal lebenden Männern und Frauen.

Zu dieser Gruppe, die Mitte 1944 zumindest im Stadtteil Ehrenfeld zu einer für die Nazis bedrohlichen Macht geworden war, gehörten Bartholomäus Schink und seine Freunde.

Als die Jungen am Galgen hingen, mußte ihre Angehörigen zusehen. Hitlers Mordgesellen meldeten den Erfolg: «Verbrechertum wird mit Stumpf und Stiel ausgerottet.»

Seither sind fast 37 Jahre vergangen. Aus den Berichten überlebender Edelweißpiraten und anderer Widerstandskämpfer und aus den erhalten gebliebenen Akten der Geheimen Staatspolizei[4] und anderer Nazi-Dienststellen ist die nachfolgende dokumentarische Reportage entstanden. Die Dialoge sind Rekonstruktionen, die in der Hauptsache auf Interviews mit ehemaligen Edelweißpiraten und anderen Zeugen der Zeit beruhen. Einige Szenen sind in ihrer Ausgestaltung erfunden. So existieren zum Beispiel über den Hergang der Erschießung des Ortsgruppenleiters Söhntgen mindestens drei verschiedene Versionen. Auf Grund der überlieferten Schilderungen aber können sich alle Begebenheiten so oder ähnlich zugetragen haben. Die meisten der handelnden Personen der Reportage sind authentisch. Zeitabfolgen dagegen sind teils zusammengefaßt und verkürzt.

Bedanken möchte ich mich bei allen, die mir bei den Nachforschungen und Interviews geholfen haben. So bei Walter Kruchta, Vorsitzender der Vereinigung der Verfolgten des Naziregimes (VVN) in Köln, der mir das Archiv seiner Organisation zur Verfügung stellte.

Besonderer Dank gilt den ehemaligen Edelweißpiraten.

Vor allem aber Karoline Banten («Titti»), geborene Schink, der Schwester von Bartholomäus, genannt Barthel. In einem langen Gespräch hat sie mir vermittelt, wie sie die Zeit damals erlebt hat: zum einen die historischen Ereignisse, zum anderen die Stimmung, die bei den Jugendlichen herrschte.

«Seit Hitler an die Macht gekommen war, gab es Widerstand gegen die Nazis. Aber wir dachten damals nicht, daß alles so hart und gefährlich werden sollte. Einige Ältere warnten zwar von Anfang an. Aber die Jüngeren glaubten nicht daran. Es hieß immer nur: einig sein, zusammenhalten, sich nicht unterkriegen lassen.

An Folter und Tod dachten wir zu der Zeit natürlich noch nicht. Man hörte so einiges, aber Genaueres wußte man nicht. Die Nazis wagten es noch nicht, hart durchzugreifen.

Schon damals hörte man von den Treffen der Edelweißpiraten. Sie trafen sich in der Umgebung von Köln an den drei Seen, von denen Barthel später so begeistert erzählt hat, am Felsensee, am Märchensee und am Blauen See. Da wurde viel gesungen und erzählt. Und es gab auch schon die ersten Auseinandersetzungen mit der HJ. Aber gefährlich war es noch nicht.

Auch in Ehrenfeld selbst ging es zu der Zeit noch ganz idyllisch zu. Nachmittags trafen die Jungen sich im Blücher-Park. Einige spielten Fußball beim TV Ehrenfeld. Und die Jüngeren beschwerten sich ständig darüber, daß die Älteren immer den Platz für sich beanspruchten. Die Älteren, schon zu alt für die HJ, waren beim Arbeitsdienst, andere bei den Soldaten. Es wurde viel diskutiert, ob man nun Soldat werden sollte oder nicht. Einige waren strikt dagegen – für den Hitler in den Krieg ziehen? Andere waren gar nicht so abgeneigt – da konnte man jedenfalls Geld verdienen.

Barthel war damals ja noch klein. Als er neun Jahre alt war, hat er zum erstenmal bei einem Treffen der Edelweißpiraten mitgemacht.»

Bartholomäus Schink

Personenverzeichnis

Edelweißpiraten aus Ehrenfeld

Bartholomäus Schink, «Barthel»
Franz Rheinberger, «Bubes»
Günther Schwarz, «Büb»
Wolfgang Schwarz
Adolf Schütz, «Addi»
Fritz de Plaat
Hans Müller, «Hänschen»
Gustav Bermel
Roland Lorent
Hans Balzer

Edelweißpiraten aus Sülz

Schäng
Fän

Entflohener KZ-Häftling

Hans Steinrück, «Bomben-Hans»
Cilly

1937
Lagerfeuer im Königsforst

«Sieh dir das an!» Barthel stieß seinen Freund Bubes in die Rippen und blickte staunend um sich. «Heiliger Sankt Martin», sagte er kopfschüttelnd, «das ist aber ein großes Ding hier.» Er holte aus und jagte mit der Schuhspitze einen Kiesel in den See. «Hättest du das gedacht, Bubes?»

Bubes schüttelte ebenso beeindruckt den Kopf. Um den See herum, hier am Königsforst, lagerten ein paar hundert Jungen und Mädchen. Sie hatten sich zu vielen Gruppen und Grüppchen zusammengefunden, und überall war mindestens einer mit einer Gitarre dabei.

Barthel und Bubes schlenderten staunend umher. Und plötzlich war es passiert: Barthel lag im Dreck. Aber nur für Sekunden. Er sprang sofort wieder auf und drehte sich wutentbrannt um. «Welche Drecksau war das?»

Er starrte in ein rundes Gesicht mit Sommersprossen und feuerrotem, schuppigem Haar darüber. Der Kerl lachte ihn auch noch an! Seine Nase war breit und flächig, er sah aus, als ob er keinem Kampf ausweichen würde. Resigniert stellte Barthel fest, daß der Kerl mindestens zwei bis drei Köpfe größer war als er und beinahe doppelt so alt. Barthel war gerade erst neun geworden.

«Ahoi, ihr Zwerge», sagte der Kerl, «setzt euch.»

Barthel war immer noch wütend. «Wir sind keine Zwerge, merk dir das, du dicker Rübezahl», antwortete er mutig und machte sich bereit zu verschwinden, wenn es gefährlich werden sollte. «Wenn ich ein paar Jahre älter wär, dann könntest du jetzt deine Knochen einsammeln, klar?»

Der Rothaarige lachte über das ganze Gesicht. Dann fragte er: «Wie heißt ihr denn?»

Barthel zögerte. Schließlich sagte er ein wenig widerwillig: «Barthel – Bartholomäus Schink. Und das ist der Bubes.»

«Aha, Barthel und Bubes. Also, dann setzt euch mal. Wollt ihr eine Brause?»

Barthels Wut war verflogen. Sie setzten sich zu der Gruppe, und da sie jetzt nicht mehr so stark beobachtet wurden, konnten sie sich in Ruhe umsehen. Mehrere Jungen und zwei Mädchen saßen um das Lagerfeuer herum. Ringsum brannten viele andere Feuer. Erst jetzt bemerkte Barthel, wie die Jungen aussahen. Einige hatten zerrissene Hemden. Einer hatte sich sein Taschentuch um die Hand gewickelt. Und der Junge neben dem Rothaarigen, der beinahe ebenso breit wie groß war, kühlte sich das eine Auge.

«Mann, was ist denn mit euch passiert?» fragte Barthel, während Bubes schon die zweite Brauseflasche aufmachte.

Der Rothaarige zupfte an der Gitarre, die neben ihm lag, und wendete sich an Barthel: «Frage eins: Was hältst du von der Hitlerjugend?»

Barthel brauchte gar nicht nachzudenken: «Nichts.»

«Siehste», sagte der Rothaarige, «wir auch nicht. Das sind ganz feige Lumpen. Hierher trauen sie sich nicht, aber drüben, im Wald, da lauern sie den Kleinen auf und denen, die allein hierher kommen. Denen schneiden sie die Bömmel von den Strümpfen, und dann schlagen sie sie zusammen. Nicht mal die Mädchen lassen sie in Ruh.»

«So gemein sind die?» fragte Barthel.

«Ja», sagte der Rothaarige, «und deshalb mußten sie heute mal eine richtige Abreibung kriegen.»

Er schwieg und zupfte ein paar Takte auf der Gitarre. «Hat gut geklappt», krächzte einer im Hintergrund. Barthel sah einen Jungen, der riesige Pranken hatte, beinahe so groß wie eine Bartpfanne, obwohl er nicht sehr groß war.

«Der ist Schmied», erklärte der Rothaarige. «Und der daneben, das ist der Hans aus Bickendorf, Mittelgewicht, Rechtsausleger. Wir haben hier alle ein ordentliches Möppchen in der Faust. Tja – vorhin haben wir glücklicherweise den Oberhäuptling der HJ-Gruppe, den Gebietsführer Wallmeier, gleich mit erwischt, der hatte sich zusammen mit den anderen versteckt, um unseren Leuten aufzulauern. Die haben ordentlich Senge gekriegt. Einige werden wohl für ein paar Wochen ins Krankenhaus müssen. Wir haben gesehen, wie sie mit Autos abgeholt wurden. Manche konnten nicht mehr laufen ...»

Je länger der Rothaarige sprach, desto ehrfürchtiger hingen Barthel und Bubes an seinen Lippen. Mann, sind das Kerle! Und sie beide gehörten jetzt dazu.

Wenn er sich so umguckte, dann kam Barthel sich allerdings etwas armselig vor in seiner einfachen Hose und dem nichtssagenden gelben Hemd. Fast alle trugen eine phantastische Kluft, Manchesterhosen und Jacken mit vielen Reißverschlußtaschen, teils aus Manchester, buntkarierte Hemden, weiße Kniestrümpfe, einige auch schwere Stiefel. Und fast alle hatten ein Fahrtenmesser am Gürtel. Die Kluft hatte Barthel schon gleich zu Anfang beeindruckt. Das war doch was anderes als dieses eintönige Braun von der Hitlerjugend. Der Rothaarige merkte, wie Barthel sie staunend anstarrte.

«Nun reden wir mal nicht mehr von der Nazi-Bande», sagte er. «Die kriegen uns nicht klein. Seht mal her.» Er klappte seinen Rockaufschlag zurück. Dahinter war eine weiße getrocknete Blume befestigt. «Wißt ihr, was das ist?»

«Na, 'ne Blume, sieht man doch», sagte Barthel.

«Ja, aber welche Blume? – Das ist ein Edelweiß, das müßt ihr euch gut merken! Wir nennen uns Edelweißpiraten.»

Der Rothaarige wendete sich jetzt den anderen Großen zu. Barthel ließ sich ins Gras sinken und blickte in den Himmel.

15 Pfennig für die Straßenbahnfahrt hierher hatte er von Onkel Dan bekommen. Er hatte sie sich redlich verdient. Bevor der Onkel das Geld herausrückte, wollte er nämlich sehen, was Barthels Boxkünste machten. Er baute sich vor Barthel auf und hob beide Hände, die Handflächen in Barthels Richtung. Jetzt sollte Barthel einmal zeigen, wieviel Dampf er schon in den Fäusten hatte, ob die rechte Gerade klar und exakt im Ziel landen würde – an Onkels linker Handfläche. Und zum Schluß forderte er ihn auf, einen klassischen Haken vorzuführen. Zu diesem Zweck reckte er das Kinn vor und sagte: «Schlag zu. Stell dir vor, daß du jetzt einen Kampf beenden mußt.»

Barthel zögerte erst. Er wollte nicht so zuschlagen, denn er konnte den Onkel gut leiden. Dann aber passierte es blitzschnell. Der Onkel hatte den Haken nicht kommen sehen. Natürlich fiel er nicht um, Barthel war schließlich erst neun.

Aber er verzog das Gesicht, rieb sich verwundert das Kinn, und dann sagte er: «Sehr gut, ohne Ansatz, knallhart, du wirst ein guter

Puncher. Hier hast du 15 Pfennige.» Der Onkel prüfte noch Barthels Oberarmmuskeln. «Weiter so», meinte er dann.

An der Haltestelle der Bahn nach Rösrath wartete Bubes schon. Kürzlich im Blücher-Park hatten sie nämlich gehört, im Königsforst, am Baggersee nahe der neuen Autobahn, sollte heute was los sein.

Ja, und jetzt waren sie hier. Der Rothaarige hatte die Gitarre an einen mittelgroßen Schwarzhaarigen weitergegeben, den sie Gitarren-Jonni nannten. «Der beste Gitarrenspieler weit und breit», wie die anderen anerkennend sagten.

Erst leise, dann immer lauter schlug Gitarren-Jonni in die Saiten. «Also los, Leute», sagte er.

Sie stimmten an, und ringsum fielen sie ein in ein Lied, das Barthel und Bubes zum erstenmal hörten und das sie nie vergessen würden.

«In Junkers Kneipe, bei Wein und Pfeife,
da saßen wir beisammen.
Ein guter Tropfen von Malz und Hopfen,
der Teufel führt uns an.
Hei, wo die Burschen singen
und die Klampfen klingen
und die Mädels fallen ein ...»

Barthel wischte sich über das Gesicht. Stolz blickte er um sich. Hier wollte er öfter dabei sein!

«Was kann das Leben Hitlers uns geben,
wir wollen frei von Hitler sein.
Hei, wo die Fahrtenmesser blitzen
und die Hitlerjungen flitzen ...»

Danach war es ganz still am Baggersee. Gitarren-Jonni klimperte leise ein paar Akkorde. Bis er von neuem anstimmte:

«Wenn die Sirenen in Hamburg ertönen,
müssen Navajos an Bord.
In einer Kneipe von einem Madel
fällt uns der Abschied nicht schwer.
Rio de Janeiro, ahoi Caballero,
Edelweißpiraten sind treu ...»

Zuletzt hatten Barthel und Bubes auch mitgesungen. Das war was anderes als die Singstunde in der Schule! Aber die meisten Jungen und Mädchen hier waren auch viel älter als sie. Die beiden Mädchen zum Beispiel, die neben Gitarren-Jonni saßen, waren bestimmt schon sechzehn. Sie beachteten Barthel und Bubes kaum, dafür um so mehr Gitarren-Jonni und den Rothaarigen.

Die eine, Sonni hieß sie, erzählte gerade, wie es ihr auf ihrer ersten Arbeitsstelle erging. Wie Barthel mitbekommen hatte, war sie Haushaltshilfe bei einer Nazifamilie. Drei Kinder hatte sie morgens zu versorgen, denn die Mutter lag bis mittags im Bett. Sonni mußte schon früh um sechs in einer Kanne Milch holen und für die Kinder Milchbrei kochen, damit die vor der Schule etwas Warmes bekamen. Der Vater war ein hohes Tier bei den Nazis. Das hatte Sonni schnell herausgehabt. Denn er trug nicht das einfache Käppi, sondern eine Schirmmütze mit Goldkordel dran. Schon bei der Begrüßung hatte Sonni den ersten Schock bekommen.

«Ach ja», hatte der Mann gesagt, «da wäre noch etwas. Bei uns ist das so geregelt: Teilnahme am BDM[5]-Dienst ist Pflicht. Dafür hast du sonntags frei.»

Zweimal war Sonni da hingegangen. Einmal hatten sie Einsatz. Sie mußten sich in Reih und Glied vor einer Kirche aufstellen, der Nikolauskirche in Sülz, und als die Kirchgänger herauskamen, mußten sie singen und den Leuten dann zurufen: «Gebt unseren Mädels Heime!»

Barthel nickte. Etwas Ähnliches hatte er schon einmal von seiner Schwester Titti gehört. Die hatte bei so einem «Einsatz» mal zugeguckt. Die Nazis wollten auf diese Weise erreichen, hatte einer in Tittis Nähe gesagt, daß sie ihre Versammlungen auch in den Gemeindehäusern der Kirchen abhalten konnten.

«Ich geh nicht mehr hin», sagte Sonni gerade, «und wenn sie mich kaputtschlagen.»

«Oder in ein Fürsorgeheim stecken», warf das andere Mädchen ein. Ihr sei es ähnlich ergangen, sagte sie. Auch von ihr hatte die Firma verlangt, entweder BDM oder ...

Barthel kam an diesem Abend sehr spät nach Hause. Köln-Ehrenfeld lag schon in tiefem Schlaf, als er zaghaft auf die Türklingel drückte. Er wußte genau, was ihn erwartete.

Am nächsten Tag hatte Barthel eine dicke Backe und war nicht besonders gut gelaunt.

Eine Woche war es her, daß der Gebietsführer Wallmeier und seine Leute ihre Abreibung bekommen hatten. Barthel wollte unbedingt wieder zusammen mit Bubes zu dem Treffen der Edelweißpiraten im Königsforst. Obwohl ihnen der Rothaarige zum Abschied eingeschärft hatte, daß es heute gefährlich werden könnte, die Hitlerjugend würde bestimmt Rache nehmen.

Sie hatten einen Treffpunkt in Deutz auf der anderen Rheinseite ausgemacht, um diesmal auf einem Schleichweg zum Baggersee zu wandern. In Deutz entdeckten sie den Rothaarigen und auch Sonni, die hinter einem älteren Jungen auf dem Fahrrad-Gepäckträger hockte. Sie waren eine Gruppe von ungefähr zwanzig Leuten, einige davon gingen zu Fuß, andere radelten die Rösrather Straße entlang in Richtung Forst.

Unterwegs stieg einer der Größeren vom Rad und schlenderte auf eins der kleinen Reihenhäuser zu, die an der Rösrather Straße standen. Mit einer Kanne Milch und einer großen Tüte Brötchen kehrte er zurück. Er hob die Sachen hoch und sagte: «Das ist für uns.»

Einige waren gar nicht begeistert. Klauen? Dazu noch bei den kleinen Leuten. Denn hier wohnten nur kleine Leute.

Aber der Junge gab gleich die Aufklärung: «Wir klauen doch nicht bei denen! Das haben die Leute extra für uns hingestellt. Die wissen, daß wir immer Hunger haben. Wir können das ruhig wegnehmen.»

Warum die Leute denn nicht die Tür öffneten und ihnen die Milch und die Brötchen persönlich gaben, wollte einer wissen, der wohl auch noch nicht lange dabei war. Ob ihnen das etwa peinlich sei?

«Das ist so», antwortete der Junge. «Die Leute haben Angst. Die denken, die Edelweißpiraten, die sind bei den Nazis nicht gut angesehen, deshalb ist es besser, wenn wir so direkt nichts mit ihnen zu tun haben.»

Schließlich hatten sie den Königsforst erreicht. Der zweite Treffpunkt war das Kamellenbüdchen. Der Besitzer des Kiosk sollte in Ordnung sein, hieß es. Der spendierte schon mal ein Eis, und zum Dank dafür brachten ihm die Edelweißpiraten gelegentlich ein

Ständchen. Meistens, so hatte der Rothaarige erzählt, käme der Mann ihnen schon entgegen. Um die Bude herum waren bereits eine Anzahl Jungen und Mädchen versammelt. Aber der Kamellenbuden-Besitzer war nicht zu sehen.

Gerade als sich Barthel und Bubes zusammen mit einigen anderen auf die Suche nach ihm machen wollten, Barthel mit seinem neuen Edelweiß am Hosenträger, ging es los: Von allen Seiten brach Polizei aus dem Gebüsch. Uniformierte mit Hunden, Leute in Zivil, einige in SS[6]-Uniform, mit dem Totenkopf am Kragen. Barthel erhielt einen Stoß in den Rücken, ein Uniformierter schnauzte ihn an: «Mach, daß du wegkommst, du Rotzlöffel...» Ein Kerl in langem Ledermantel trieb den Rothaarigen vor sich her in einen bereitstehenden Lastwagen.

«Mensch, sind die verrückt geworden!» sagte Barthel zu Bubes.
«Was haben wir denn gemacht?»
Sie sahen, wie SS-Leute mit dem Knüppel wahllos zuschlugen.
«Lieber Himmel», stöhnte Bubes, «vielleicht denken die, wir sind eine lang gesuchte Diebesbande.»
«Glaub ich nicht», meinte Barthel.
Als sie merkten, daß einige ältere Jugendliche vom HJ-Streifendienst auf sie losstürzten, rasten sie in verschiedene Richtungen davon.

Barthel konnte seine Verfolger nicht abschütteln. Schließlich blieb ihm nur eine Entscheidung: entweder sich zusammenschlagen zu lassen oder in den Rhein zu springen. Und er sprang in den Rhein, schwamm auf die andere Seite. Am anderen Ufer war keine HJ.

An diesem Abend kam Barthel pünktlich nach Hause, obwohl er das eigentlich gar nicht vorgehabt hatte. Die Mutter mußte ihn vor dem Vater verstecken, so mitgenommen, wie Barthel aussah. Wenn der Vater das merkte, konnte es böse für ihn werden. Denn Barthel war wieder gegen die Ordnung angegangen. Und der Vater hielt strikt auf Ordnung. Er meinte, nur so könnte man im Leben etwas erreichen.

Barthels Vater war früher einfacher Arbeiter bei der Post gewesen. Aber durch seinen Fleiß und seine Pünktlichkeit hatte er es geschafft, zum Postbeamten befördert zu werden. Darauf war er sehr stolz. Mit Politik wollte er nichts zu tun haben, sagte er immer wieder. Das war für ihn etwas Unordentliches, da hielt er sich raus, ganz gleich, ob es sich um die Sozialdemokraten, die Kommunisten oder um die Nazis handelte. So hatte er es zu etwas gebracht, wie er meinte. Besonders gut ging es ihnen ja nicht, mit sechs Kindern. Aber immerhin, sie hatten ihr Auskommen.

Barthel war heute zum erstenmal mit der Staatsmacht zusammengestoßen, und er wußte, daß das für den Vater ein Kapitalverbrechen war. Die Mutter wußte es auch. Deshalb half sie ihm. Er war froh darüber, denn der Vater hatte früher auch geboxt, er schlug noch heute fest zu.

1937
Der erste Prozeß

In den nächsten Wochen herrschte bei den Edelweißpiraten eine bedrückende Ruhe. Der Rothaarige und einige andere waren wie vom Erdboden verschluckt. Niemand wußte, wo sie waren. Manche hatten Angst bekommen und verhielten sich still, andere waren mutiger und erkundigten sich auf dem Polizeirevier nach den Freunden. Aber die Polizisten zuckten mit der Schulter und blätterten gelangweilt in den Akten.

Nach etwa sechs Wochen hieß es plötzlich, es sollte ein Prozeß stattfinden gegen aufrührerische Jugendliche. Zwanzig Namen wurden genannt. Der Rothaarige war dabei und Hans, der Junge, auf dessen Gepäckträger Sonni mitgefahren war. Sie sollten Rädelsführer sein, wurde erzählt. Ein paar Edelweißpiraten gingen zum Gerichtsgebäude am Appellhofplatz, wo die Verhandlung stattfand. Aber nur Nazis waren zugelassen. Von den Edelweißpiraten durfte niemand hinein.

Später begegneten Barthel und Bubes noch einmal Sonni. Die wußte nun genau, was passiert war, denn der Vater von Hans war Nazi und hatte Zutritt gehabt. Nach der Gerichtsverhandlung war Sonni sofort zu ihm gegangen und hatte ihn nach Hans gefragt. Aber der Mann hatte nicht geantwortet. Er war still in sein Schlafzimmer gegangen, hatte seine Uniform ausgezogen und Zivil angezogen. Dann hatte er geistesabwesend gesagt: «Der hatte einen viereckigen Kopf und keine Zähne mehr. Das Gesicht war schwarz und blau.» Sonni hatte ihn erst nicht verstanden und gedacht, der wäre plötzlich nicht mehr richtig im Kopf. Aber dann hatte sie begriffen, daß er seinen Sohn, den Hans, meinte, und auch die anderen.

Der Mann hatte noch gesagt: «Man konnte sehen, daß die Jungen fast totgeprügelt worden sind. Sie mußten alle noch einmal aussagen. Der Richter war in Ordnung, er erkannte die Gestapoaussagen nicht an. Auf die Frage des Richters, ob sie gut behandelt worden wären, sagten alle Jungen, jawoll, obwohl man sehen konnte, daß das nicht stimmte. Sie haben drei Monate gekriegt ...»

1938
Der Frisör Spieroth

Spieroth drückte mit dem rechten Fuß auf den Hebel und pumpte den Sessel in die Höhe, in dem Barthel Platz genommen hatte. «Was darf es denn sein?» fragte er. Und Barthel antwortete wie jedesmal: «Fassonschnitt, aber nicht zu kurz.»

«Wird gemacht», sagte Spieroth. Er wußte, daß Barthel am liebsten überhaupt nicht zum Haarschneiden käme, vor allem, seitdem er zu den Edelweißpiraten gehörte. Barthel hatte ihm davon erzählt. Jetzt wollte er erst recht nicht mehr mit kurzen Haaren herumlaufen wie ein kleines Kind. Aber Haareschneiden mußte sein. Der Vater verlangte es, weil er der Meinung war, daß zu einem ordentlichen Jungen ein ordentlicher Haarschnitt gehörte. Und ein ordentlicher Haarschnitt hatte kurz zu sein. Alles andere war weibisch, wie bei den Zigeunern, sagte der Vater immer.

Also mußte ein Kompromiß gefunden werden. Barthel hatte zusammen mit dem Frisör Spieroth ausprobiert, wie weit er gehen konnte, damit es zu Hause keinen Krach gab. Spieroth schnitt auch den Eltern und den älteren Geschwistern die Haare. Er war ein guter Freund der Familie, und seine Preise waren so niedrig, daß die Mutter auch Barthel zu ihm schickte – gab es zwischen ihnen doch immer Streit dabei wegen der Länge.

Spieroth schnippelte an Barthels Haaren herum, während der in den Spiegel starrte, um sofort das Stoppzeichen geben zu können, falls Spieroth aus Versehen die Abmachung verletzen sollte.

«Wie geht's bei euch zu Hause?» fragte Spieroth und machte sich an Barthels Nackenhaare.

«Es geht», sagte Barthel, «ich bin froh, wenn endlich Weihnachten ist. Ich hab mir nämlich eine Gitarre gewünscht. Aber ich glaube nicht, daß ich eine kriege, die sind nämlich teuer. Bin ich froh, wenn ich erst mal selbst Geld verdiene!»

Spieroth lachte. «Stell dir das nicht so einfach vor mit dem Geldverdienen. Erst einmal mußt du etwas lernen. Was willst du denn überhaupt werden?»

Barthel war für einen Moment still vor Verblüffung. So genau hatte er noch nicht darüber nachgedacht. «Vielleicht Förster. Oder Trapper. Aber die gibt es ja leider nur im Wilden Westen!»

«Mein lieber Barthel», Spieroth trat wieder auf den Hebel, und der Rasiersessel sauste nach unten, «du hast ja Pläne!»

«Na und», sagte Barthel, guckte trotzig in den Spiegel und prüfte die neue Frisur. «Am liebsten würde ich überhaupt Edelweißpirat von Beruf.»

«Das geht aber nicht. Der Beruf wäre übrigens bei Hitler nicht so gut angesehen.»

«Ist mir egal, mir fällt nichts anderes ein.»

«Na, du hast ja auch noch etwas Zeit.»

«Onkel Spieroth? Ich habe noch eine andere Frage.»

Spieroth nahm Barthel den Umhang ab und bürstete ihm ein paar Haare von der Schulter. «Ja?» sagte er lächelnd.

«Onkel Spieroth, was haben die Nazis eigentlich gegen euch Juden?»

«Na ja», begann er zögernd, «also der Hitler und die anderen sagen, wir Juden wären Untermenschen, heimtückisch, verschlagen und grausam...»

«Aber das ist doch Quatsch, das sieht man doch an dir, Onkel Spieroth, du bist in Ordnung. Aber trotzdem kommen die Nazis nicht zu dir zum Haareschneiden.»

«Ja, ich weiß, manche würden vielleicht kommen, aber sie trauen sich nicht. Ihre Partei sagt, zu Juden geht man nicht, die boykottiert man. Wir sind angeblich an allem Unglück Deutschlands schuld, weil wir andere Menschen ausbeuten, Geld horten und zum Schaden Deutschlands verwenden.»

«Ausbeuten! Wen beutest du denn aus? Was meinen die überhaupt damit?»

Spieroth legte die Bürste beiseite, nahm die Flasche mit der Brillantine, die Barthel besonders gern hatte, schüttete etwas davon in die linke Handfläche und verrieb es sorgfältig in Barthels Haaren. «Tja, wie soll ich dir das erklären. Hitler und seine Leute wissen, daß viele Menschen in Deutschland es nicht gut finden, daß einigen wenigen die großen Fabriken und die Kaufhäuser und so weiter gehören, daß sie dort andere Menschen arbeiten lassen, selbst aber den größten Teil des Geldes einstecken. Die Nazis haben nun schon vor 1933 behauptet, die meisten großen Betriebe gehörten Juden. Damit wollten sie die allgemeine Abneigung gegen die Ausbeutung auf die Juden lenken.

Es stimmte auch, daß einige Besitzer von großen Betrieben Juden waren. Aber die Mehrheit waren keine Juden. Die Stimmung der Leute war zum Teil also nicht gegen die Juden gerichtet, das ist erst später gekommen, sondern gegen die Ausbeuter. Aber als Hitler an die Macht kam, wurden den Juden von den Nazis die großen Betriebe weggenommen. Nun hatten die Nazis nichts mehr dagegen, daß einige wenige viel verdienten, weil ihnen selbst ja nun fast alles gehörte und der Rest sich mit dem begnügen mußte, was übrig blieb.

Viele Leute hatten nach langer Zeit wieder Arbeit. Dafür waren sie Hitler dankbar und achteten nicht so darauf, wie das zustande gekommen ist. Um das alles zu vertuschen, sagen die Nazis, Juden sind Ausbeuter. Hast du das verstanden?»

«Ein bißchen, ich glaube ja ...»

Spieroth ging in das Hinterzimmer, kam kurz darauf zurück und hielt Barthel einige Metallplaketten entgegen. «Weißt du, was das ist?»

«Orden», sagte Barthel.

«Genau, Orden. Das ist das EK I, also das Eiserne Kreuz Erster Klasse, das ist das EK II, und das hier ist das Verwundetenabzeichen.»

Barthel staunte: «Wo hast du die denn her?»

«Die haben sie mir im Weltkrieg verliehen. Ich habe für Deutschland gekämpft, weil Deutschland meine Heimat ist.»

«Mensch! Und die sagen immer, die Juden wären feige. Und ihr wärt gar nicht richtige Deutsche.»

«Tja, das sagen die Nazis.»

«Ach, Onkel Spieroth, laß doch. Auch wenn die Nazis nicht zu dir kommen, Frisöre werden doch immer gebraucht. Du stehst jetzt unter dem Schutz der Edelweißpiraten.»

«Danke, Barthel, das freut mich. Nur ...»

Aber Barthel raste schon zur Tür hinaus, denn es war wieder später geworden, als er gedacht hatte.

Einige Tage danach, am Abend des 9. November 1938[7], saß die Familie Schink in der Küche beim Essen. Plötzlich brach draußen ein Höllenlärm los. Fensterscheiben klirrten, Gepolter, Schreie und Gebrüll. Es mußte ganz in der Nähe sein. Barthel ließ den Löffel fallen, sagte noch: «Bis gleich» und sprang dann zwei Stufen auf einmal die Treppe hinunter. Hinter sich hörte er den Vater fluchen und irgendwas von Prügel und Ohrfeigen rufen. Aber das war ihm im Augenblick gleichgültig, er mußte wissen, was da geschah.

Auf der Straße angekommen, sah Barthel, daß einige Häuser weiter Möbel aus einem Fenster gestürzt wurden. Viele Leute standen herum, einige in SA[8]- oder SS-Uniform, aber auch Zivilisten. Sie klatschten Beifall. Und jedesmal, wenn wieder ein Stuhl, ein Bild oder eine Kommode auf das Pflaster prallte, brüllten die Leute: «Juden raus!» – «Jagt das Mörderpack davon!»

Barthel ging weiter. Plötzlich durchfuhr ihn ein Gedanke. Die werden doch wohl nicht ... Er fing an zu laufen. Schon von weitem sah er eine Menschenmenge vor Spieroths Laden. Auch hier brüllten sie: «Schlagt das Mörderpack tot!»

Barthel spürte, wie ihm das Blut in den Kopf schoß. Vor dem Laden sah er ein Bündel liegen. Als er näherkam, erkannte er Spieroth. An seinen grauen Haaren klebte Blut. Da drehte Barthel durch. Er schrie, als hätte man ihn selbst geschlagen: «Ihr Schweine, das ist mein Onkel Spieroth, laßt ihn in Ruhe, ihr Mörder, warum hilft ihm denn niemand, der hat doch keinem was getan ...»

Ein SA-Mann brüllte Barthel an: «Verschwinde, du blöder Balg.» Von den Zivilisten rührte sich keiner. Einige, die Barthel kannte, blickten zur Seite.

Barthel besann sich, rannte zurück nach Hause. Ich muß den Vater holen, dachte er verzweifelt, der wird Spieroth helfen.

Auf halbem Weg kam ihm der Vater entgegen. Schon von weitem rief Barthel ihm zu: «Komm schnell, sie erschlagen Spieroth!» Er zog ihn mit sich vor das Frisörgeschäft. Der Vater sah den alten Mann am Boden liegen, blickte sich um, schaute in die Gesichter der herumstehenden Leute. Dann packte er den Sohn an der Schulter und drängte ihn weg. «Wir können nichts tun», sagte er zu Barthel. «Wir können nichts tun.»

«Aber Vater, wir müssen was tun, Spieroth stirbt sonst! Er hat doch nichts getan. Er hat mir vor kurzem noch seine Kriegsorden gezeigt, er hat für Deutschland gekämpft, und jetzt schlagen sie ihn tot!»

«Ich weiß, ich weiß...» erwiderte der Vater hilflos, «und ich sag dir jetzt etwas, was ich noch keinem gesagt habe: Die Nazis sind Mörder und Verbrecher. Wenn wir uns jetzt da einmischen, dann sperren sie uns alle ein.»

Sie gingen nach Hause.

Der alte Spieroth wurde fortgetragen. Er wurde nie wieder gesehen.

Barthel war fassungslos und weinte viele Stunden lang. Niemand konnte ihn beruhigen. Die Mutter versprach ihm eine Gitarre, aber auch das konnte ihn nicht ablenken.

In dieser Nacht beschloß Barthel, seinen Freund Spieroth zu rächen. Bevor er endlich einschlief, sagte er leise: «Sie kriegen die Rechnung...»

1938
Vorbereitung der Treibjagd

Die Justizangestellte Franziska spitzte den rotgemalten Mund, pustete auf die frischlackierten Fingernägel und steckte das Fläschchen mit dem Nagellack in die Handtasche zurück.

Das Büro im Gerichtsgebäude am Reichenspergerplatz, in dem Franziska und ihre Kollegin Beate arbeiteten, war karg möbliert. Über der Tür zum Zimmer des Staatsanwaltes hing ein Bild des Führers wie in allen deutschen Amtsstuben. Franziska machte es sich vor ihrem Schreibtisch bequem und nippte an ihrem Kaffee, den sie gerade für den Chef und sie beide aufgebrüht hatte. «Schrecklich», seufzte sie und verzog das Gesicht.

«Beschwer dich nicht, nimm das nächste Mal einen Löffel mehr Kaffee. Du mit deinem Spartick!» sagte Beate spitz.

«Quatsch.» Franziska blickte wütend zu Beate hinüber und schlug auf die vor ihr liegende Zeitung. «Der Kaffee ist in Ordnung, aber die Juden, die sind wirklich ohne Hemmungen. Jetzt haben sie gerade den Gesandtschaftsrat in Paris, den Ernst vom Rath[9], heimtückisch ermordet. Also, ich finde das richtig, daß jetzt Schluß gemacht wird mit denen. Solche Provokationen kann sich das deutsche Volk nicht gefallen lassen.»

«Aber die müssen doch nicht alle so sein, unter den Deutschen gibt es doch auch Mörder, oder? Bei uns nebenan hat eine Frau gewohnt, die war auch Jüdin. Jetzt habe ich sie schon länger nicht mehr gesehen. Aber sie war ganz nett. Sie war die einzige, die früher nichts dagegen hatte, wenn wir direkt vor ihrem Fenster gespielt haben ...»

«Hör auf, Beate, ich kann das nicht mehr hören. Das ist es ja gerade, das Hinterlistige, diese Verstellung. Ich finde es richtig, was der Göring[10] jetzt machen will, obwohl er ja sonst, ich meine als Mann, nicht gerade mein Fall ist.» Franziska hielt den «Westdeutschen Beobachter»[11] hoch. «Hier steht, die müssen wenigstens zah-

«Westdeutscher Beobachter» zur Reichskristallnacht

Westdeutscher Beobachter

Köln-Stadt

Amtliches Organ der NSDAP. und sämtlicher Behörden / Ausgabe Köln (Stadt)

[illegible]

Nr. 575 / Jahrgang 14 — Sonntag, 13. November 1938 — Preis 10 Pf., auswärts 15 Pf.

Deutsche Vergeltungsmaßnahmen wegen des Meuchelmordes Grünspans:

Eine Milliarde Buße für den jüdischen Mord

Unsere Geduld ist zu Ende!

Juden Betrieb von Einzelhandelsverkaufsstellen, Versandgeschäften und Bestellkontoren sowie selbständiger Handwerksbetrieb untersagt – Sie dürfen nicht mehr Betriebsführer sein – Sachschäden müssen sie beseitigen Ihre Versicherungsansprüche werden zugunsten des Reiches beschlagnahmt

Göring greift durch

Berlin, 13. November

Unter dem Vorsitz des Beauftragten für den Vierjahresplan, Generalfeldmarschall Göring, fand im Reichsluftfahrtministerium eine Chefbesprechung der beteiligten Minister mit ihren nächsten Mitarbeitern über die dringend notwendig gewordene Lösung der Judenfrage statt. An dieser Besprechung nahmen die Reichsminister Dr. Frick, Dr. Goebbels, Dr. Gürtner, Graf Schwerin von Krosigk und Funk teil.

Die Besprechung ergab vollkommene Uebereinstimmung in der Beurteilung und Behandlung der zur Debatte stehenden Fragen. Es wurde eine Reihe von einschneidendsten Maßnahmen zur Lösung der Judenfrage besprochen und zum Teil schon entschieden. Der Beauftragte für den Vierjahresplan, Generalfeldmarschall Göring, erließ eine Verordnung, derzufolge Juden vom 1. 1. 1939 ab der Betrieb von Einzelhandelsverkaufsstellen, Versandgeschäften oder Bestellkontoren sowie der selbständige Betrieb des Handwerks untersagt wird. Ebenso kann nach dieser Verordnung ein Jude vom 1. 1. 1939 ab nicht mehr Betriebsführer im Sinne des Gesetzes zur Ordnung der nationalen Arbeit vom 1. Januar 1934 sein. Ist ein Jude an leitender Stelle eines Wirtschaftsunternehmens tätig, ohne Betriebsführer zu sein, so kann das Anstellungsverhältnis durch den Betriebsführer mit einer Frist von sechs Wochen gekündigt werden.

Weiterhin erließ der Beauftragte für den Vierjahresplan eine Verordnung, derzufolge alle Schäden, welche durch die Empörung des Volkes über die Hetze des internationalen Judentums gegen das nationalsozialistische Deutschland am 8., 9. und 10. November 1938 an jüdischen Gewerbebetrieben und Wohnungen entstanden sind, von den jüdischen Inhabern bzw. jüdischen Gewerbetreibenden sofort zu beseitigen sind. Die Kosten der Wiederherstellung hat der Inhaber der betroffenen jüdischen Gewerbebetriebe bzw. Wohnungen zu tragen. Versicherungsansprüche von Juden deutscher Staatsangehörigkeit werden zugunsten des Reiches beschlagnahmt.

Die weiteren einschneidenden Maßnahmen zur Ausscheidung des Judentums aus dem deutschen Wirtschaftsleben und zur Abstellung provokatorischer Zustände werden in kürzester Frist in Form von Verordnungen und Gesetzen getroffen werden. Vor allem wurde der Beschluß gefaßt, den deutschen Juden in ihrer Gesamtheit in Form einer Geldbuße von einer Milliarde Reichsmark die Strafe für den ruchlosen Mord in Paris aufzuerlegen. Dieser Betrag verfällt in voller Höhe dem Reich. Der Beauftragte für den Vierjahresplan hat bereits eine dementsprechende Verordnung erlassen.

Waffenfunde bei Juden

Die Besitzer verhaftet

po Stettin, 13. Nov. (Eig. Meldg.)

Bei einer Haussuchung in jüdischen Wohnungen in Stolp wurden zahlreiche Schußwaffen gefunden und beschlagnahmt. Die Besitzer dieser Waffen, Juden, sind verhaftet worden.

„Ernst vom Rath, Deutschland erwartet dich"

Ergreifende Trauerfeier in Paris unter Teilnahme der offiziellen Vertreter Frankreichs

(Drahtbericht unsers eignen Vertreters)

Paris, 13. November

Samstag mittag 12 Uhr. Die deutsche protestantische Kirche in der Rue Blanche steht im Zeichen einer ungewöhnlichen Trauerkundgebung. Unsere deutsche Kolonie und das offizielle Frankreich nehmen Abschied von dem ermordeten Gesandtschaftsrat Ernst vom Rath. Die Zufahrtsstraßen bis hinunter zur Trinité sind auf den Bürgersteigen dicht mit Menschen besetzt. Polizeimannschaften sperren ab. Die Anfahrt des gesamten Diplomatischen Korps und der übrigen Trauergäste hat bereits einige Zeit vor 12 Uhr begonnen.

Der nicht allzu große Raum der Kirche füllt sich rasch. Die Kandelaber und Kronen sind mit schwarzem Trauerflor verhängt, und nur matt schimmert das weißgelbe Licht hindurch. Eine in frischen Farben prangende Flut von Blumen und Kränzen überdeckt den Sarg und füllt den mit Palmen und Blattgrün ausgezierten Altarraum aus. Auf der schweren Marmorplatte des Altars brennen hohe weiße Kerzen. Unter den Blumenangebinden sind viele von unbekannter Hand. Das französische Volk hat mit der hier bekundeten Teilnahme ein unvergeßliches Beispiel edler Herzensgröße gegeben. Manches französische Herz schlug in diesen Tagen gemeinsam mit uns im Gleichklang tiefempfundener Trauer. Ein bescheidenes Veilchenbukett, eine Rose oder Nelke, gespendet an der Bahre Ernst vom Raths, das werden wir all denen, die mit uns gefühlt haben — und wir dürfen dem Staatssekretär Baron von Weizsäcker recht geben: Es war ein ganzes Volk — nie vergessen!

Kurz nach 12 Uhr intoniert die Orgel leise ein Präludium. Ehern steht, den Blick geradeaus gerichtet, neben dem Katafalk die Totenwache: die Adjutanten der Militärattachés und Parteigenossen der Pariser Ortsgruppe der AO. Als die deutsche Delegation, geführt von Staatssekretär Freiherrn von Weizsäcker, und in die Kirche geleitet von Botschafter Graf Welczeck, die Halle betritt, erheben sich die Anwesenden. Rechts vom Altar, im Mittelschiff, befinden sich die Vertreter des in Paris akkreditierten Diplomatischen Korps, links die französischen Trauergäste aus Regierung, Heer, Marine, Luftwaffe, aus den Parlamenten, den Behörden und Kultureinrichtungen.

Die Eltern und Trauergäste

Nahezu vollzählig sind die Pariser Mitglieder des Comité France-Allemagne, an ihrer Spitze ihr Präsident Graf de Brinon, anwesend. Oben auf den beiden Seiten der Galerie sitzen die Angehörigen der deutschen Kolonie. Unter dem linken Galerieumgang, vorn am Altar, hat sich eine faschistische Ehrenabordnung aufgestellt. Kurz nachdem Außenminister Bonnet — er vertritt bei der Trauerfeier das französische Kabinett — seinen Platz eingenommen hat, geleitet Botschafter Graf von Welczeck den persönlichen Vertreter des Präsidenten der französischen Republik, Oberst Tassin, auf seinen Platz. Der Botschafter nimmt, nachdem er die Eltern des Ermordeten zu den zwei Stühlen vor dem Katafalk geleitet hat, neben ihm Platz. Die deutsche Delegation — der Staatssekretär, der Chef des Protokolls, Freiherr von Doernberg, und Gesandter Dienstmann — sitzt in der gleichen Reihe, links vom Katafalk. Kurz vor Beginn des eigentlichen Traueraktes wechselt Baron von Weizsäcker einige Worte mit Außenminister Bonnet.

Nach der von einem protestantischen Pfarrer verlesenen Eingangsliturgie spielt das Berliner Wendling-Quartett in reifer, formvollendeter und zu Herzen gehender Art ein trostvolles Adagio von Rosenmüller. Auf die an die Eltern gewandte Ansprache des evangelischen Geistlichen folgen zwei vom Kirchenchor gesungene und vom Wendling-Quartett begleitete Strophen des alten Bachschen Chorals aus der Matthäus-Passion „Wenn ich einmal soll scheiden".

Das tiefgreifende Erlebnis dieses würdigen Trauerakts war die Ansprache des Staatssekretärs von Weizsäcker. „Die Heimat grüßt dich, Ernst vom Rath," so begann er den einen Grundgedanken seiner Trauerrede. Sie habe — so fährt er fort — gehofft, das durch einen tückischen Mordüberfall gefährdete Leben Ernst vom Raths durch die Kunst der Aerzte und die sorglich vorbildliche Pflege erhalten zu sehen. Die Wunde sei jedoch zu schwer gewesen. Die Treue, die Ernst vom Rath dem Führer geschworen habe, sei jetzt durch den Tod besiegelt worden. Er habe seine Pflicht bis zuletzt erfüllt. Mit Worten wärmster Anerkennung schildert der Staatssekretär die warme und herzliche Anteilnahme der französischen Regierung und des gesamten Volkes. Er würdigte dann den Werdegang des Diplomaten im Auswärtigen Amt und im Außendienst. Auf allen Botschaften und sonstigen Missionen Deutschlands im Auslande und auf den Dienstgebäuden in der Heimat stünden in diesen Tagen die Flaggen auf Halbmast. Das Reich gedenke ehrend dieses Toten. Wenn jeder seine Pflicht so erfülle wie er, sei es gut bestellt. Unser Entschluß und unsere Haltung würden jetzt nur noch fester und härter werden. „Aeußere Ehren und Verdienste, Akten und Aufzeichnungen vergehen, die Tat aber bleibt bestehen! Nun trete du die Fahrt zur Heimat an: Deutschland erwartet dich!"

Der Kranz des Führers

Dann legte er an der Bahre den auf der roten Schleife mit der Führerstandarte, dem Hoheitszeichen und dem Namenszug gekennzeichneten und mit Lilien besteckten Kranz des Führers nieder. Botschafter Graf Welczeck überbrachte den Kranz des Reichsaußenministers und Landesgruppenleiter Dr. Ehrich den Kranz des Chefs der AO., Gauleiters und Staatssekretärs Bohle. Unter den übrigen zahlreichen Kranzspenden sahen wir den Kranz des französischen Außenministers, des preußischen Ministerpräsidenten, der Reichsjugendführung und des Reichsministers für Volksaufklärung und Propaganda. Nach der Einsegnung der Leiche spielte das Wendling-Quartett ein Adagio von Beethoven.

Die Ueberführung der Leiche zum Nordbahnhof erfolgt mit kleinem Trauergefolge. Der genaue Zeitpunkt liegt noch nicht fest. Der Sonderzug besteht aus dem Wagen mit der Leiche, aus zwei Salon- und zwei Schlafwagen. Er wird 24 Stunden vor dem in Düsseldorf erfolgenden Staatsbegräbnis in dieser Stadt eintreffen.

Die Türkei trauert

Truppenabordnungen der Balkanstaaten kommen nach Ankara

Istanbul, 13. November

In Ankara werden große Vorbereitungen für den Empfang und die Unterbringung der Trauerabordnungen aus dem Auslande getroffen, darunter auch für die Truppenteile, die die Armeen der verbündeten Balkanstaaten Jugoslawien, Rumänien und Griechenland vertreten werden. Dies ist nach dem Tode König Alexanders von Jugoslawien das zweite Mal, daß die Balkanstaaten in dieser Form ihre wehrpolitische Verbundenheit zum Ausdruck bringen.

Fortgesetzt laufen in Ankara neue Beileidskundgebungen aus dem Auslande ein, von Staatsoberhäuptern, Regierungschefs und Ministern. In der Zeitung „La Republik" wird mit an erster Stelle das Beileidstelegramm des Führers erwähnt und die Tatsache, daß in Berlin eine zweitägige Trauerbeflaggung der amtlichen Gebäude angeordnet wurde.

Schluß mit der Gefühlsduselei!

Deutschlands Antwort an das Weltjudentum / Von Dr. P. Winkelnkemper

Eine neue Welle wehleidiger, teilnahmender Klage geht zurzeit durch die aufgeregte Welt. Ununterbrochen entströmen den geschwollenen Tränensäcken des weltdemokratischen Gouvernantentums die salzigen Gewässer tiefinnerlichen Mitleids in die Schnupftücher hinein. Was sind die Gründe dieses ergreifenden Weltschmerzes? Ist es die späte Trauer um das furchtbare Schicksal des spanischen Volkes, das nun schon im dritten Jahre die Schrecken des jüdisch-bolschewistischen Bürgerkrieges ertragen muß, der Hunderttausende spanischer Menschen hinmordete und Milliarden wertvollsten Volksvermögens vernichtete? Oder ist es etwa die Sorge um die Tragödie des arabischen Volkes, das unter dem brutalen britischen Militärregiment einen Kampf auf Leben und Tod um Heimat und Muttererde führt, das zu Zehntausenden von Haus und Hof in die leere Wüste gejagt wird, dessen Häuser in ganzen Dorfgemeinschaften von britischen Granaten und Bomben in die Luft gesprengt wurden, dessen Führer erschossen oder gefesselt in die Kerker wandern, nur weil dieses tapfere Volk nicht gewillt ist, den jüdischen Einwanderern auf Befehl Englands einfach die besten und fruchtbarsten Teile des Landes freundschaftlich zu überlassen? Oder soll dieser gewaltige Zährenstrom etwa ein Hilfswerk einleiten für das brotlose Schicksal der mehr als neun Millionen Arbeitslosen in den Vereinigten Staaten, die ohne staatliche Unterstützung hoffnungslos am Hungertuche nagen? Oder will man im Namen der Menschlichkeit endlich aufrufen zum Kampf gegen die Blutherrschaft des roten Judentums in Moskau, das in 20jähriger Herrschaft über dreißig Millionen russischer Menschen hinsiechen und hinmorden ließ, wo nicht die Kraft einer Idee, sondern nur die Zuchtrute des Juden, der Hunger und die Praxis des Genickschusses herrschen . . .?

Nein, um diese wahrhaft brennendsten Probleme der Weltzivilisation geht das demokratische Schluchzen nicht! Die „armen Juden in Deutschland" sind wieder einmal der ausschließliche Grund für die erschütternde, herzzerreißende Empörung, die die internationale Trauergemeinde der Weltdemokratien ergriffen hat.

Auf das deutsche Volk vermag dieses Schauspiel der quellenden Tränensäcke keinen Eindruck mehr zu machen. Wir haben diese Pappenheimer kennengelernt und wissen, daß sich hinter dieser widerlichen Maske nichts als Heuchelei und Deutschenhaß verbirgt. Es ist eine alte Tatsache, daß das deutsche Volk bisher viel zu stark zur Sentimentalität, zur Objektivität bis zur Selbstaufgabe geneigt war. Es hat den Luxus dieser verderblichen Gefühlsduselei bitter bezahlen müssen. Andere Völker, zum Beispiel England und Frankreich, waren nicht sentimental! Mit rücksichtsloser, brutaler Gewalt haben sie vom Recht des Stärkeren Gebrauch gemacht und sich dadurch Weltreiche aufgebaut, während das schwache Deutschland in seiner erdrückenden Raumnot dahinvegetierte. Die Eroberung Indiens durch England ist bekanntlich eines der blutigsten und grausamsten Kapitel der Weltgeschichte. Zu Hunderttausenden wurden die Bewohner Indiens zu Paaren getrieben und hingemordet. Und zwar jahrzehntelang. (Robert Clive!) Man denke ferner an die erbarmungslosen Strafgerichte Englands in China anläßlich des Boxeraufstandes; an die blutige Verfolgung der Sinnfeiner in Irland. Man erinnere sich der vielen diplomatischen Schritte und Strafexpeditionen, die England unternahm, wenn das „Weltprestige Albions" dadurch in Gefahr war, daß irgendwo in der weiten Welt einem Engländer mal auf den Fuß getreten wurde.

*

Wie heuchlerisch und erbärmlich mutet doch im Lichte dieser harten geschichtlichen Tatsachen das hysterische Altweibergeheul dieser Leute an über die Demolierungen von Judengeschäften, in denen sich nach dem scheußlichen Mord des Weltjudentums der bis aufs Blut gereizte flammende Zorn des deutschen Volkes in berechtigter Weise Luft machte! Das jüdische Parasitentum hat immer nur von Ausbeutung, Verrat und Mord gelebt! Es hat ganze Völker vernichtet, Weltkriege heraufbeschworen. Es kennt nur eines: Den satanischen Haß gegen die arische Menschheit, die es in Blut und Schrecken ersäufen möchte! Dieses Judentum hat dem deutschen Volk schon soviel unermeßliches Leid, soviel Blut und Tränen zugefügt, daß jetzt endlich und für alle Zeiten in deutschen Landen Schluß sein muß mit dieser syrischen Bastardrasse, mit diesem „Auswurf der Wüste". Die Schüsse von Paris galten dem ganzen deutschen Volke. Der Volkszorn in der Nacht vom 9. zum 10. November und noch mehr die heutigen Verordnungen Görings haben diesem Judentum die Antwort Deutschlands erteilt. Der Nationalsozialismus hat nie ein Hehl daraus gemacht, daß er der Weltfeind des Judentums ist. Es geht jetzt Auge um Auge und Zahn um Zahn! Die Maßnahmen der Regierung, die der jüdischen Kampfansage von Paris blitzschnell auf dem Fuße folgten, sind ein letztes Warnungszeichen an das Weltjudentum, jemals wieder die Mordwaffe gegen einen Angehörigen des nationalsozialistischen Deutschlands zu richten! Mit bewundernswürdiger Geduld hat Deutschland immer und immer wieder den ewigen frechen Provokationen der jüdischen Mörderrasse zugesehen. Es hat die bestellte Bluttat des Juden Frankfurter an Wilhelm Gustloff hingenommen und erleben müssen, daß das ganze Weltjudentum sich sofort mit dem feigen Meuchelmörder solidarisch erklärte, ja, ihn zum Märtyrer glorifizierte und den Mord zu einem neuen wüsten Hetzfeldzug gegen uns benutzte. Die von der Regierung ergriffenen Maßnahmen entsprechen voll und ganz den Erwartungen unseres Volkes, dem nun endlich nach Jahren härtester Probe der Geduldsfaden gerissen ist. Wir sind als Achtzig-Millionen-Volk die fleißigste und mächtigste Nation Europas. Auf allen Gebieten des menschlichen Lebens haben wir die glanzvollsten Leistungen vollbracht. Im Schweiße unseres Angesichtes gehen wir alle Tag um Tag unserer ehrlichen Arbeit im Dienste der Volksgemeinschaft nach. Wir wollen friedlich mit den andern Völkern leben! Aber wir werden nicht mehr dulden, daß Angehörige unseres Volkes draußen Freiwild für bezahlte jüdische Mordbuben sind! Wehe dem, der sich draußen unberechtigt an einem deutschen Volksgenossen vergreift! Das Weltjudentum mag wissen, daß jeder einzelne Jude in Deutschland für die Unversehrtheit unsrer Volksgenossen gegen jüdische Terrorversuche haftet. Wenn die sogenannten Demokratien zu schlapp oder zu verseucht sind, um den jüdischen Bazillus auszuscheiden, so ist das für das starke Deutschland kein Grund zur Schwäche. In diesem Riesenkampfe spielen zertrümmerte Fensterscheiben und demolierte Läden keine Rolle. Hier geht es um Sein oder Nichtsein.

Wir wollen nicht vergessen, daß das Weltjudentum offen erklärt hat, der Konflikt mit der Tschecho-Slowakei müsse zum „Präventivkrieg gegen die Naziherrschaft" ausgenutzt werden. Das heißt, um seine Machtpositionen zu erhalten oder wiederzugewinnen, wünschte dieses Judentum den Weltkrieg, in dem es den Untergang der arischen Kultur vorauszusehen glaubte. Man muß sich die ganze schauerliche Größe einer solchen weltverbrecherischen Absicht klarmachen, wenn man in der Judenfrage Bescheid wissen will. Die Heere Frankreichs, Englands, Amerikas usw., Völker, mit denen wir keinerlei Differenzen len: Eine Milliarde Buße für den jüdischen Mord. – Ich war am letzten Mittwoch auch dabei, als die SA bei den Juden hier in Köln aufgeräumt hat. Ich sag dir, das tat richtig gut, als deren Möbel aus dem 5. Stock auf die Straße klatschten. Und ich finde es auch gut, daß die Juden jetzt für die Straßenreinigung selbst aufkommen müssen. Und hier, hör zu, was hier noch weiter steht: ‹... Juden ist vom 1. Januar 1939 ab der Betrieb von Einzelhandelsverkaufsstellen, Versandgeschäften oder Bestellkontoren sowie der selbstständige Betrieb eines Handwerks untersagt ...›»

Franziska hatte sich richtig in Wut geredet. Ihr Gesicht war ganz rot geworden. «Hier – du mit deinem Verständnis für die Juden – auch unser Bürgermeister sieht es richtig, kannst du dir mal merken. Hör zu: ‹Wie heuchlerisch und erbärmlich mutet doch im Lichte dieser harten geschichtlichen Tatsachen das heuchlerische Altweibergeheul dieser Leute an über die Demolierungen von Judengeschäften, in denen sich nach dem scheußlichen Mord des Weltjudentums der bis aufs Blut gereizte flammende Zorn des deutschen Volkes in berechtigter Weise Luft machte! Dieses Judentum hat dem deutschen Volk schon so viel unermeßliches Leid, so viel Blut und Tränen zugefügt, daß jetzt endlich und für alle Zeiten in deutschen Landen Schluß sein muß mit dieser syrischen Bastardrasse ... Es geht jetzt Auge um Auge und Zahn um Zahn ...›»

Beate unterbrach Fransziska: «Ist das nicht etwas übertrieben?»

«Nun sei aber still», Franziskas Stimme wurde schrill. «Sei bloß still, ich will von deinem Verständnis für diese Mörder nichts mehr hören. Ich kann dir nur raten, dir heute abend den Film ‹Juden ohne Maske› anzusehen, Filmaktion der Gaufilmstelle.»

Sie warf Beate die Zeitung über den Schreibtisch. «Hier, lies selbst ...»

Franziska nahm ein paar Bogen und spannte sie in die Maschine. Sie überflog ihr Stenogramm. Acht Blatt würde sie etwa brauchen, je zwei Durchschläge. Ihre Lippen waren schmal geworden. Während sie auf die Tasten der Maschine drückte, schickte sie ab und zu einen bösen Blick zu Beate hinüber, die in aller Ruhe und ohne etwas zu sagen den «Westdeutschen Beobachter» durchblätterte. Franziska sah starr auf das Papier, überflog die Zeilen: «... Das fast seuchenähnliche Auftreten der genannten Cliquen hat zu diametralen Beurteilungen geführt. Die eine Richtung, die der Auffassung zu sein scheint, daß die Cliquenbildung jeglichen politischen Einschlags entbehre, sieht in ihr ein Stück Jugendromantik, daß den Jungen durch ehemalige Bündische vermittelt wurde. Sie glaubt, die Dinge bagatellisieren zu müssen. Die entgegengesetzte Auffassung greift mehr die HJ-feindliche und darum als staatsfeindlich anzusprechende Einstellung der Edelweißpiraten ins Auge. Jedenfalls haben die Dinge zu einer ernsthaften Besorgnis innerhalb der Hitlerjugend und der hiesigen Bevölkerung und der Nachbarstädte Düsseldorf und Bonn geführt –» nein, da kam wohl ein Komma hin – «daß es für HJ-Angehörige eine Zeitlang unmöglich gewesen sei, während der Dunkelheit in Uniform über die Straße zu gehen, ohne befürchten zu müssen, von Edelweißpiraten angerempelt oder gar überfallen zu werden ...»

«Ich weiß, wo ich heute abend hingehe.»

Franziska blickte auf.

«Alles jubelt, alles lacht über Heinz, der alles macht, wie gefällt dir das?»

«Mach's nicht so spannend», brummte Franziska.

Beate zitierte weiter aus dem Filmprogramm für den Abend: «‹Heinz Rühmann. Diesmal kein Mustergatte, nein, bestimmt nicht, auch kein Flegel, diesmal lachen Sie über einen entzückenden Stromer und lustigen Vagabunden – Lumpazivagabundus! – Aber Rühmann bleibt Rühmann, immer Kavalier, immer fidel, immer zu neuen Streichen aufgelegt.› – Na, ist das was?»

Franziska druckst herum. «Hört sich gut an, ich überleg es mir noch mal, ich könnte ja ‹Juden ohne Maske› auf die nächste Woche verschieben.»

Lischkas Sabotagekommission

Der beginnende Krieg überzog die Nachbarländer Deutschlands mit Schrecken und Elend. Die Edelweißpiraten gerieten mittlerweile immer häufiger in die Fahndungsakten der Geheimen Staatspolizei. Obersturmbannführer Kurt Lischka[*12], 1940 der Gestapo-Chef von Köln, rief durch eine geheime Verfügung eine "Sabotagekommission" ins Leben, die später bei der Verfolgung der Edelweißpiraten die Hauptrolle spielen sollte. Leiter der Sabotagekommission wurde ein Kriminalbeamter namens Kütter.
Als flankierende Maßnahme verschickte der Chef der Sicherheitspolizei und des SD (Sicherheitsdienst)[*13], eine "Neuregelung" über das Sachgebiet "verschärfte Vernehmung". Das Papier erreichte auch die Gestapo. Danach konnte verschärfte Vernehmung bestehen in: "... einfachste Verpflegung (Wasser und Brot), hartes Lager, Dunkelzelle, Schlafentzug, Ermüdungsübungen, aber auch in der Verabreichung von Stockhieben (bei mehr als 20 Stockhieben muß ein Arzt beigezogen werden)..."
"Verschärfte Vernehmung darf...nur angewendet

werden gegen Kommunisten, Marxisten,
Bibelforscher, Saboteure, Terroristen,
Angehörige der Widerstandsbewegungen,
Fallschirmagenten, Asoziale, polnische
und sowjetrussische Arbeitsverweigerer
oder Bummelanten..."

1943
Unterricht in Rassenkunde

Büb lag auf dem Sofa und rauchte eine Eckstein. Heute hatte er erlebt, wie es ist, wenn man eine Niederlage erlitten, aber trotzdem gesiegt hat. Sein rechtes Auge war blau angelaufen, die linke Wange so stark angeschwollen, als hätte er einen Pingpongball in den Mund gesteckt. Doch für ihn war sein Aussehen ein Zeichen des Sieges. Früher hätte Büb anders darüber gedacht. Seit er jedoch zu den Edelweißpiraten gehörte und vor allem seit er Barthel Schink kannte, hatte er sich verändert, war er sicherer geworden.

Büb betastete seine Wange und dachte an den heutigen Morgen zurück. Sie hatten Unterricht in Rassenkunde gehabt. Plötzlich hatte der Lehrer, ein linientreuer Nazi, ihn nach vorn gerufen, sich dann an die Klasse gewandt und gesagt: «So sieht ein Halbjude aus.» Büb mußte einige Minuten lang vor der Klasse stehen, ohne sich zu rühren, während der Lehrer seinen Vortrag hielt. Es kam ihm endlos vor, bis er schließlich hörte: «Setzen, Schwarz ...»

In der Pause auf dem Schulhof ging es dann weiter. Etwa zehn Jungen aus seiner Klasse umringten ihn. «Na, du Judenbengel», sagte einer von ihnen grinsend. «Noch ein paar Jährchen, dann bringst du bestimmt auch kleine deutsche Babys um oder schneidest ihnen die Ohren ab, stimmt's, du Judenschwein?»

Darauf trat ihn ein anderer in den Hintern, und ein dritter schlug ihm ins Gesicht. Erst wollte Büb sich nicht wehren, denn es war von vornherein klar, daß er bei einer solchen Übermacht verlieren müßte. Aber dann packte ihn die Wut, und er schlug wild um sich. Wer in der Nähe stand, wurde von seinen Fäusten getroffen. Einige fluchten und schrien. Aber dann taten sie sich zusammen und schlugen gemeinsam auf ihn ein. Ein paar aus der Klasse, die sonst immer seine Freunde gewesen waren, griffen schließlich ein und befreiten ihn. Aber richtig halfen auch sie ihm nicht. Einige entschuldigten sich später bei ihm für die anderen. Das fand Büb schon ganz gut. Aber mehr taten sie eben nicht.

Büb zog an seiner Zigarette. Die Tante sah es sonst gar nicht gern,

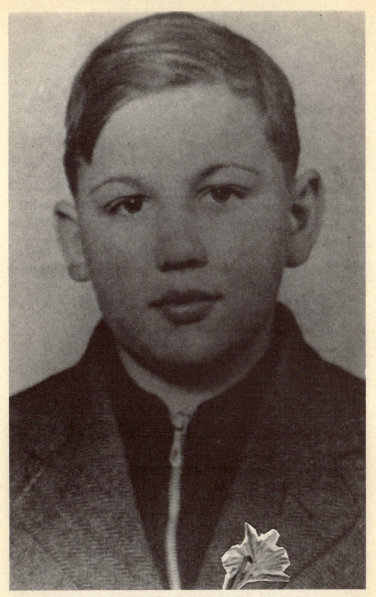

Günther Schwarz, genannt Büb

wenn er rauchte. Aber heute sagte sie nichts dazu. Still kam sie herein und drückte ihm eine Kompresse auf die geschwollene Gesichtshälfte.

Büb wendete den Brief, der heute mit der Post gekommen war, zum soundsovielten Mal hin und her. Auf dem Absender prangte das Hakenkreuz. Das konnte nichts Gutes bedeuten. Er und sein Bruder Wolfgang würden wahrscheinlich längst nicht mehr hier in Ehrenfeld wohnen, wenn sie nicht seit dem Tod der Mutter vor vier Jahren von der Tante und ihrem Vormund beschützt worden wären. Denn ihr Vater war nicht nur Jude, er war auch Kommunist. Ihm war vor einigen Jahren, bevor die Nazis ihn in ein Lager verschleppen konnten, die Flucht nach Holland geglückt.

Die Tante war auch schon einmal in ein Lager gebracht worden. Aber sie hatten sie bald entlassen. Nie wieder hatte sie mit den Jungen über Politik und über die Nazis gesprochen. Aber wie es in den KZ[14] aussah, davon hatten sie mittlerweile von anderen einiges gehört. Die Tante war keine Jüdin, aber sie war in der Kommunistischen Partei[15] gewesen. Doch darüber sprach sie nicht mehr.

Hier in der Schönsteinstraße hieß er bei allen Büb, weil er der Kleinste war, bis auf den Plaat vielleicht, den Fritz. Aber der wohnte ein paar Straßen weiter und gehörte somit nicht zum inneren Kreis der Edelweißpiraten in ihrer Gegend.

Büb steckte sich eine neue Zigarette an. Das Rauchen hatte er sich in der letzten Zeit angewöhnt. Eigentlich war es unmöglich als Sportler, als Fußballspieler, zu rauchen, noch dazu, wenn man Stürmer war wie er. Aber seit er nicht mehr auf dem linken Flügel für Rhenania Ehrenfeld stürmen durfte, war ihm das gleichgültig. Fußballspielen durften sein Bruder und er nicht mehr, höchstens mit Blechbüchsen im Blücher-Park. Sie waren eben Juden, oder Halbjuden, mit einem Vater, der Volljude war.

Wolfgang und er hatten beobachtet, daß die Nazis seit einiger Zeit Juden festnahmen und in Eisenbahnwaggons abtransportierten. Seither hatten sie ein ziemlich ungutes Gefühl. Wolfgang war zwei Jahre älter als Büb. Er war ein kräftiger Kerl, gerade achtzehn geworden. Er arbeitete bei der HKP, dem Heimatkraftfahrpark der Wehrmacht. Seine Konditorlehre hatte er wegen des jüdischen Vaters nach eineinhalb Jahren abbrechen müssen. Da er inzwischen einiges von Autos verstand, konnten sie ihn bei der HKP gebrau-

Wolfgang Schwarz

chen, und keiner fragte, woher er kam. Ein guter Freund aus Ehrenfeld deckte ihn. Weil er arbeitete, war Wolfgang nicht so häufig bei den Treffen der Edelweißpiraten dabei, außerdem war er derjenige, der öfter zur Vorsicht mahnte. Er war nicht feige, aber er überlegte eben jede Sache drei- bis viermal, und inzwischen hatten die anderen schon gehandelt.

Bis vor kurzem hatten er und Wolfgang sich noch ziemlich einsam gefühlt. Sie hatten gemerkt, daß selbst diejenigen, mit denen sie früher befreundet gewesen waren, im Sportverein zum Beispiel, ihnen aus dem Weg gingen, als sie hörten, daß ihr Vater Jude war.

Jetzt war das anders. Bei den Edelweißpiraten gab es so etwas nicht. Da war jeder für jeden da. Da gab es keine Diskriminierung. Im Gegenteil. Als sie zum Beispiel Barthel kennenlernten und ihm erzählten, wer ihr Vater war und daß die Nazis ihnen kürzlich mitgeteilt hatten, sie hätten ihn in Holland aufgehängt, da fing der fast an zu heulen. Und dann sagte er: «Warum erzählst du das? Bei uns spielt so was keine Rolle. Wir wissen, daß die Nazis lügen. Und ich weiß genau, daß Juden in Ordnung sind, daß sie gute Kämpfer sind. Wir brauchen gute Kämpfer.» Mann, das tat gut! Und tatsächlich fiel niemals ein schlechtes Wort über Juden. Zusammenhalten war die oberste Devise. Er konnte sich noch gut daran erinnern, wie er das erste Mal mit Barthel, Bubes und einem gewissen Heinz ins Kolpinghaus in der Breiten Straße gegangen war. Dort gab es für 50 Pfennig ein gutes Mittagessen, und man konnte ziemlich sicher sein, keine Nazis zu treffen. Sie wollten Flugblätter verteilen, mit Nachrichten über die Frontsituation im Osten. Und die sah für die Nazis nicht rosig aus. Nach dem Mittagessen verteilten sie gemeinsam die Flugblätter und sahen dann zu, daß sie schnell wieder fortkamen.

Büb drückte die Eckstein aus und blickte wieder auf den Brief. Wolfgang kann ihn öffnen. Mit solchen amtlichen Sachen weiß der besser Bescheid. Etwas Gutes kann es nicht sein.

1943
Gemeinsam mit den Nonnen

Erst hatten sie gedacht, oben in der letzten Etage des «Klüsterche», wie das Franziskus-Krankenhaus genannt wurde, hätte einer vergessen, das Verdunkelungsrollo herunterzuziehen. Aber dann hatten sie gemerkt, daß in den Dachstuhl eine vereinzelte Brandbombe gefallen war. Die Jungen aus der Gruppe, die gerade in der Schönsteinstraße waren, hatten als erste Alarm gegeben, Hans und Barthel. Dann war Wolfgang dazu gekommen, auch Bubes.

«Los, wir müssen was tun», schrie Barthel. «Wir brauchen mehr Leute!»

«Büb liegt auf dem Sofa und kühlt sein Gesicht», sagte Wolfgang.

Barthel rannte zurück zur Schönsteinstraße, jagte die Treppe hoch, klingelte Sturm und schrie den verblüfften Büb an: «Los, komm mit, das Klüsterche brennt!»

Der Brief von den Nazis flog in die Ecke, und die beiden liefen zurück. Am Dachstuhl züngelten schon die ersten Flammen. Sonst war es stockfinster. Gegenüber vom Krankenhaus lag das Kloster. Vor der Tür standen Nonnen mit kreidebleichen Gesichtern und rangen die Hände. Barthel schrie sie an, immer wieder: «Los, wir brauchen Wasser! Mensch, los, Mutter Angela, fällt euch denn gar nix ein!»

Er geriet in Wut und blickte immer wieder zum Dachstuhl hinauf. Aber die Nonnen, die man in ihren dunklen Kutten in der Dunkelheit kaum erkennen konnte, hatten inzwischen begriffen, was dieser Lümmel von ihnen wollte. Einige liefen zurück ins Kloster. Und endlich tauchten die ersten Eimer mit Wasser auf.

Wortlos bildeten die Nonnen eine Kette. Hans und Barthel organisierten den Rest. Die Kette wurde erweitert, hinüber zum Krankenhaus und die Treppen hinauf. Die Anwohner ringsum machten jetzt auch mit. Oben brauchten die Edelweißpiraten nur noch die Eimer entgegenzunehmen und das Wasser in die Flammen zu kippen, die zum Glück noch nicht allzuweit um sich gegriffen hatten. Die Nonnen schwiegen. Aber ihre Lippen bewegten sich. Überall, wo Flammen neu aufloderten, schlugen die Edelweißpiraten mit nassen Lappen zu. Nach einer halben Stunde hatten sie den Dachstuhl gerettet.

Die Nonnen umarmten die Jungen. Mutter Angela wollte Barthel, den frechen Lümmel, an sich drücken. Der wehrte verlegen ab und meinte: «Ist ja alles gut gegangen, Mutter.» Dann machte er, daß er wegkam.

Als Wolfgang nach Hause kam, öffnete er endlich den Briefumschlag. Nach einer Weile sagte er zu Büb: «Wir sollen uns melden, zur Überstellung in ein Lager.»

«Die spinnen wohl! Da gehen wir doch nicht hin, oder?»

«Genau», sagte Wolfgang, «da gehen wir nicht hin.»

Einige Tage später stellten Büb, Wolfgang und die Tante fest, daß für die beiden Jungen keine Lebensmittelkarten mehr ausgegeben wurden. Für die Nazis existierten sie nicht mehr. Und wer nicht existierte, mußte auch nicht essen.

1943
Lebensmittelkarten von der NSDAP

Die Nachmittagssonne schien schräg über die Giebel. Die kalte Luft hatte sich an diesem Tag etwas erwärmt. Barthel lehnte an der Außenmauer des Bunkers am Takuplatz und zupfte an seiner Gitarre. Er blinzelte in die Sonne und machte ein nachdenkliches Gesicht.

«Bubes», sagte er schließlich, «wir müssen mal wieder zum Märchensee, ins Grüne, Mensch, immer nur diese Mauern hier, das hält auf die Dauer keiner aus ...»

Bubes gab keine Antwort, denn er war beschäftigt. Er hantierte mit einem mehlähnlichen Pulver. Ab und zu schaufelte er etwas davon in eine Flasche. «Ich hab's bald. So müßte es gehen», murmelte er mehr zu sich selbst als zu Barthel. Barthel hatte eigentlich auch keine Antwort erwartet. Die Nazi-Bonzen aus der Ortsgruppe Hardenbergstraße hatten ihnen in der letzten Zeit einige Male schlimm zugesetzt. Nun war der Tag der Rache gekommen. Bubes hatte den Auftrag übernommen, einen Molotow-Cocktail zu basteln. «So, jetzt nur schütteln, einen Lappen drumwickeln, anzünden und ab durchs Fenster in die gute Stube der NSDAP, huiiiiii!» Bubes schwenkte die Flasche durch die Luft.

Dann unterbrach er seine Arbeit. Vorn um die Ecke bog Fritz de Plaat. Er war erst dreizehn und sollte eigentlich gar nicht mitmachen. Zu klein, hatten die anderen gemeint. Sie waren immerhin mindestens ein Jahr älter. Was Barthel an Fritz besonders imponierte, war sein Mut. Mit elf hatten sie ihm beim Jungvolk wegen Befehlsverweigerung die Schulterriemen und das Fahrtenmesser abgenommen. Daraufhin hatte er einfach gesagt, ohne Schulterriemen und Messer würde er nicht mehr mitmachen. Und er ging einfach nicht wieder hin. Nach ein paar Wochen bekamen seine Eltern Bescheid, daß er aus dem Jungvolk ausgeschlossen sei. Fritz wollte aber trotzdem sein Fahrtenmesser wiederhaben, es war schließlich sein Eigentum. Er ging also in die Dienststelle in der Cannaperstraße und schrie dort fürchterlich herum. Aber die Nazis hatten das Messer einfach einbehalten.

Einen halben Meter vor Barthel und Bubes blieb Fritz stehen. «Leute», keuchte er, «wißt ihr das Neueste? Der Hitler hat einen drauf gekriegt, in Stalingrad![16] Sense, die Russen haben die gesamte 6. Armee kassiert. Was sagste nun?»

«Mensch, Stalingrad», sagte Barthel, «wenn heute abend Fliegeralarm ist, müssen wir das im Bunker erzählen. Aber Vorsicht, klar? Die Leute werden sich wundern. Die reden immer noch vom Siegen. Draußen ist eine ganze Armee einkassiert worden, und uns hier fallen schon die Bomben ins Wohnzimmer!»

Fritz keuchte immer noch. Die kleine Narbe an seiner Stirn war feuerrot geworden. Die hatte er seit jenem Bombenangriff am Blaubach. Ein Granatsplitter war ihm an der Stirn entlanggeschrammt. «Ich bin umgefallen wie eine Eiche», sagte er immer.

Es war nicht so schlimm gewesen, keine ernste Verletzung, und er war wieder aufgewacht. Aber er hatte geblutet wie ein Schwein.

«Ich habe noch etwas», sagte Fritz jetzt. «In der Bezirksstelle Rochusstraße gibt's was zu fressen.»

«Wie, seit wann stapelt die NSDAP in ihren Büros Lebensmittel, das wird ja immer schöner», rief Barthel empört.

«Quatsch», Fritz lehnte sich neben Barthel an die Mauer des Bunkers, «die haben massenhaft Lebensmittelkarten reingekriegt, um sie später zu verteilen. Das ist doch was für uns, oder?»

«Du meinst, wir sollten dort mal reinschauen?»

«Klar.»

«Gut», meinte Barthel. «Am besten gehen wir gleich diese Nacht hin, ehe sie die Marken wieder verteilt haben. Ich glaub nicht, daß die da nachts eine Wache aufstellen.»

«Nee, glaub ich auch nicht», sagte Fritz, angelte ein Taschentuch aus der Jacke und rieb sich die Stirn trocken.

«Also, 23 Uhr 30, Rochusstraße.» Barthel beugte sich wieder über die Gitarre. Fritz lief weiter, Bubes verschwand auch. Leise summte Barthel ein Lied. Den Text dazu hatte er von Mike[17] gelernt, den die Nazis ins Zuchthaus Siegburg gesperrt hatten. Barthel und einige andere Edelweißpiraten hatten ihn kürzlich dort besucht.

«Höre Rübezahl, was wir dir klagen,
die bündische Jugend ist nicht mehr frei.
Schwingt den Spaten der Kittelbachpiraten,
schlag die Hitlerjugend entzwei,
diedeldummdiedeldummdiedeldumm,
schlagt, ja schlagt, diedeldumm, die Hitlerjugend entzwei...»

Barthel ließ die Gitarre sinken. Er dachte an den Abend. Die Lebensmittelmarken aus der NSDAP-Bezirksstelle, von denen Fritz erzählt hatte, würden eine große Hilfe sein. Die Edelweißpiraten sorgten inzwischen für viele Menschen, die keine Karten bekamen. Denn ohne diese Rationierungskarten konnte man keine Lebensmittel kaufen. Die Marken darauf mußten einen Stempel haben, entweder vom Betrieb, in dem man arbeitete, oder von der zuständigen Dienststelle der NSDAP. Wer also nicht arbeitete oder illegal lebte, wie jetzt auch Büb und Wolfgang, der war übel dran.

Manchmal erhielten die Jungen um Barthel Schink über einen Mittelsmann auch Lebensmittel von Mitgliedern der illegalen Kommunistischen Partei. Einer von ihnen arbeitete am Reißwolf in der sogenannten Markenvernichtungsstelle. Die in den Geschäften, Restaurants und anderswo eingetauschten Marken wurden auf große Bögen geklebt, um die Abrechnung zu erleichtern. Anschließend wurden die Bögen in die Markenvernichtungsstelle gegeben, wo sie dann in den Reißwolf kamen. Der Mann am Reißwolf sorgte dafür, daß immer einige Bögen zurückblieben. Die Marken wurden dann später sorgfältig über Dampf von der Unterlage gelöst und erneut gegen Lebensmittel eingetauscht.

Den größten Teil dieser Lebensmittel schmuggelten die Edelweißpiraten in das Zwangsarbeiterlager am Vogelsanger Weg. Dort waren vor allem Polen und Russen untergebracht, die aus den besetzten Gebieten hierher verschleppt worden waren. Ihnen ging es besonders schlecht. Eigentlich starben sie langsam dahin – leben konnte man das nicht mehr nennen. Die meisten Einwohner von Ehrenfeld kümmerten sich nicht darum, die hatten genug eigene Probleme. Aber die Edelweißpiraten hatten seit einiger Zeit Verbindung mit dem Lager und kannten viele der Insassen. Es waren Menschen, entkräftet vor Hunger, mit hohlen Gesichtern und tiefliegenden Augen. Ein blondes Mädchen mit dem Namen Wanja war darunter. Immer wieder fragte Barthel sich, warum Wanja und die anderen so behandelt wurden. Weshalb gab man ihnen so gut wie nichts zu essen? Weshalb mußten sie so weit von ihrer Heimat in einem fremden Land wie Sklaven arbeiten?

Um 23 Uhr 41 an diesem Abend schlugen Barthel, Bubes und Fritz de Plaat in der Rochusstraße die Scheiben der NSDAP-Bezirksstelle ein. Erst schien alles glatt zu gehen. Sie rafften die Kästen mit den brandneuen Lebensmittelmarken zusammen. Aber als sie gerade wieder durchs Fenster hinausklettern wollten, stürzte ein Wachmann in den Raum und fing lauthals an zu schreien. Bubes drehte sich um und gab ihm mit dem Holzdeckel eines Kastens eins über den Kopf, darauf wurde der Mann still. Dafür war aber draußen jetzt die Hölle los: die ganze Nachbarschaft kam aufgeregt aus den Häusern gerannt. Barthel, Bubes und Fritz rasten an ihnen vorbei die Rochusstraße entlang. Aus den offenen Kästen flatterten die Marken wie Papierschiffchen durch die Luft. Barthel drehte sich um; niemand folgte ihnen. Die Leute hatten genug damit zu tun, in Windeseile die Lebensmittelmarken aufzusammeln, um dann schnell wieder in den Wohnungen zu verschwinden. Unbehelligt entkamen die drei.

1943

Das Tänzchen im «Bösen Wolf»

Das Lokal «Böser Wolf» war bis auf den letzten Platz besetzt. Heute durfte Musik gemacht werden; mit einer Sondergenehmigung. Das Grammophon lief ununterbrochen, um die Tische drängten sich Leute aus der Nachbarschaft, Landser auf der Durchreise, viele mit Verletzungen. Ein Obergefreiter hatte seine Krücken an der Garderobe abgestellt.

«Räder müssen rollen für den Sieg», grübelte Barthel, der mit ein paar anderen Edelweißpiraten etwas abseits von den fröhlich gestimmten Gästen saß. «Wenn ich nur wüßte, was sich darauf reimt.»

Barthel kaute an seinem Bleistiftstummel und schielte mit einem Auge zur Theke. Dort stand ein junger Soldat, den hier niemand kannte. Er nahm gerade einen kräftigen Schluck aus dem Bierglas. Der ist gar nicht so viel älter als ich, dachte Barthel. Ab und zu guckte der Soldat zu ihm herüber. Das heißt, er guckte zum Nebentisch. Dort saß Gisela, ein Mädchen aus der Nachbarschaft. Sie sah wie immer gut aus, fand Barthel. An Gisela war eben alles dran. Dabei ist sie erst fünfzehn, fiel ihm ein.

Während Barthel weiter an dem Bleistift kaute, stieß er mit dem Fuß gegen das Bein von Giselas Stuhl und nickte unmerklich.

Bubes neben ihm guckte gelangweilt an die Decke. Dann sagte er: «Schreib auf: ‹Köpfe werden rollen nach dem Krieg.›»

«Wieso?» fragte Barthel entgeistert.

«Na, merkst du denn nichts, das reimt sich doch: Räder müssen rollen für den Sieg, Köpfe werden rollen nach dem Krieg. Klar?»

«Wunderbar», sagte Barthel. «Jetzt haben wir es. Das wird gut.»

Gisela war inzwischen aufgestanden und zur Theke geschlendert. «Hätten Sie mal Feuer für mich?» fragte sie den Soldaten.

Der ließ vor Schreck beinahe das Bierglas fallen. Dann fingerte er nervös in der Seitentasche seiner Uniformjacke. Es dauerte eine ganze Weile, bis er mit zittrigen Händen das Streichholz angezündet hatte und an Giselas Zigarette hielt.

Gisela machte keine Anstalten zu gehen. Sie stützte den rechten Ellenbogen auf der Theke auf, hob ein Bein etwas an, wobei ihr Rock bis zur Mitte des Oberschenkels hochrutschte. Dann stellte sie den Fuß auf die Leiste des Biertresens. «Na», sagte sie, «was ist, wollen wir tanzen?»

Der Soldat schluckte. Dann gab er sich einen Ruck. «Sehr gern, Fräulein, sehr gern, darf ich bitten ...»

Er machte eine knappe Verbeugung, legte den Arm um Giselas Taille und wollte sie gerade an sich drücken und im Takt des langsamen Walzers mit ihr lostanzen.

Da sagte Gisela kühl: «Moment mal, nicht so schnell, mein Junge, so wie du aussiehst, tanze ich nicht mit dir.»

Der Soldat ließ erschrocken die Arme sinken. «Wieso», stammelte er, «wieso, was ist denn?»

«Für diesen Walzer bist du mir zu militärisch», erwiderte Gisela.

Der Soldat wurde rot und stotterte: «Ich ... ich verstehe nicht...»

Gisela blickte ihn mit großen unschuldigen Augen an, streckte den Zeigefinger aus und tippte an sein Koppel. Dann sagte sie: «Ich bin wahnsinnig kitzelig, du mußt schon den Granatwerfer da ablegen, daran sticht man sich ja...»

Der Soldat atmete auf. Er hatte schon gedacht, es wäre sonst irgendwas nicht in Ordnung. Er löste das Koppel und hängte es an die Garderobe. «Darf ich denn jetzt bitten?» fragte er fröhlich, als er wieder vor ihr stand.

Gisela zwinkerte ihm zu und ließ sich geschmeidig in seine Arme gleiten. Häßlich ist er jedenfalls nicht, dachte sie, während der Soldat mit ihr durch den «Bösen Wolf» schwebte, ihr in die Augen blickte, bis sie schließlich den Kopf an seine Schulter sinken ließ.

Der Soldat merkte nicht, daß zwei junge Männer, um nicht zu sagen zwei sehr junge Männer, sich inzwischen von ihrem Platz erhoben hatten und durch das Gedränge und den Dunst langsam in Richtung Ausgang schlenderten. An der Garderobe machte einer von ihnen eine schnelle, unauffällige Bewegung. Dann waren sie draußen.

In einem Hausflur in der Nähe holte Bubes die Beute aus der Jacke.

«Pistole 08», sagte Barthel, «gut geölt, tadellos in Schuß, der Junge ist bestimmt ein ordentlicher Mensch.»

Bubes grinste. Dann steckte er die Pistole wieder weg. «Komm», drängte er, «laß uns schnell mal in der Schönsteinstraße vorbeischauen. Mir knurrt schon wieder der Magen, vielleicht hat Cilly einen Topf auf dem Feuer...»

Barthel nickte zustimmend.

Die Cliquen

Den Reichsminister der Justiz erreichte Ende
1943 ein Brief unter dem Betreff-Vermerk:
"Bekämpfung der Cliquenbildung jugendlicher
'Edelweißpiraten' in Köln."
Darin hieß es u.a.:
"Der Rechtsreferent des Gebietes Köln-Aachen
der Hitler-Jugend, Gefolgschaftsführer
Pastor, hat über das Unwesen der Kölner
'Edelweißpiraten' und ihre Bekämpfung
Bericht erstattet. Ich füge einen Auszug
dieses Berichtes, der m.E. ein umfassendes
Bild über die Lage gibt, mit der Bitte um
Kenntnisnahme bei. Wie mir Gefolgschaftsführer Pastor, der gleichzeitig Jugend-
richter in Köln ist, im übrigen vertraulich
mitteilte, zählen s.E. die 'Edelweißpiraten' in Köln nach Tausenden.
Da die Bekämpfung derartiger Cliquen-
bildungen als vordringlich anzusehen ist
und auch im Einzelfall wirksam zu erfolgen
hat, glaube ich, daß im wesentlichen - je
nach der Schwere des Falles - folgende Maßnahmen zur Anwendung kommen müssen:
1. Bei Jugendlichen, die lediglich als Mit-
läufer zu bezeichnen sind, muß eine Heran-
ziehung und stärkere Betreuung durch die
Hitler-Jugend erstrebt werden.

2. Bei Jugendlichen, die sich nicht ohne Schwierigkeiten von sich aus wieder in die Hitler-Jugend und überhaupt in die Jugendgemeinschaft einordnen, ist eine Einweisung in ein besonderes Wehrertüchtigungslager der Hitler-Jugend angebracht. Die Einweisung müßte durch die Hitler-Jugend erfolgen, wie es schon im Jugendlager 'Burg Stahleck' des Gebietes Moselland der Fall ist. Die Erziehung in diesen Lagern müßte ebenfalls der Hitler-Jugend obliegen, jedoch wäre es zweckmäßig, wenn sie hierbei durch Wehrmacht und Polizei unterstützt werden würde.

3. In hartnäckigen Fällen, für die die Erziehung in einem Wehrertüchtigungslager nicht ausreichen wird, ist an eine Einweisung in ein Arbeitserziehungslager im Wege der vorläufigen Fürsorgeerziehung zu denken. Diese Arbeitserziehungslager würden damit in Zukunft zwei Gruppen von Jugendlichen aufnehmen: hartnäckige Arbeitsbummelanten und hartnäckige Cliquenangehörige.

4. Bei Rädelsführern und besonders hartnäckigen Teilnehmern muß zu längeren Jugendgefängnisstrafen gegriffen werden.

Ich hoffe, daß Sie mit dieser Stellungnahme übereinstimmen. Heil Hitler..."

1943
Bomben-Hans kommt

Herbst 1943. Draußen war Nebel. In Cillys Wohnküche stand ein junger Mann vor dem Spiegel und rasierte sorgfältig die Bartstoppeln um den schwarzen Schnurrbart herum. Vom Sofa her musterte Cilly den Gast, den sie seit gestern beherbergte. Hans sollte nun bei ihr wohnen, so war es mit ihrem Freund Heinz abgesprochen. Cilly blickte auf den großen, schlanken Burschen, auf dessen Rücken die Muskeln spielten, wenn er beim Rasieren die Haltung veränderte. Aus dem Volksempfänger tönte es: «Ich möcht ein Diwanpüppchen, süß und reizend wie du ...» Sie sah im Spiegel, daß Hans grinste. Das tat er oft, besonders wenn es eigentlich gar nicht angebracht war. Und das war es in diesen Zeiten meistens nicht.

Cilly hatte Heinz im vorigen Jahr im Deutzer Messelager kennengelernt, als sie ein paar Sachen ersteigern wollte. Dort fanden gelegentlich Versteigerungen statt, vor allem für Ausgebombte. Und bei einer dieser Versteigerungen hatte Heinz geholfen. Er gehörte zu den Häftlingen aus dem KZ Buchenwald, die zum Arbeitseinsatz dorthin geschickt worden waren. Unter anderem hatten sie Möbel, ganze Wohnungseinrichtungen aus den Rheinschiffen auszuladen, zu sortieren und neu zu verpacken. Angeblich sollten die Sachen dann weiter nach Hamburg verschifft werden. Sie hatten Juden gehört, denen man gesagt hatte: Wir verladen die Möbel für euch, und wenn ihr dann ausreist, sind die Sachen schon am Schiff. Die meisten Juden hatten es geglaubt. Sonst hätten sie wohl nicht ihre Wertsachen, darunter Geld und Schmuck, in den Möbeln und in den Ölbildern versteckt. Hans war bei den Versteigerungen nicht dabei gewesen, weil er eine andere Aufgabe hatte: Bombenräumen. Als er aus dem KZ Buchenwald ins Messelager gekommen war, hatte er sich dazu freiwillig gemeldet. Als Bombenräumer konnte er sich nämlich einigermaßen frei bewegen. Er wußte, daß das ein Himmelfahrtskommando war. Den Nazis war es egal, ob bei einem solchen Kommando mal einer in die Luft flog. Aber bei Hans flog nichts in die Luft, der entschärfte Bomben wie kein anderer.

Es dauerte nicht lange, und Hans hieß nur noch Bomben-Hans. Die Kunde von dem KZ-Häftling, der sich rittlings auf eine 100-Zentner-Bombe setzte und mit Hammer und Meißel den Zünder herausschlug, verbreitete sich schnell. Einmal kam ein General ins Messelager, und hinterher ging das Gerücht, er habe den Bomben-Hans für das Ritterkreuz vorgeschlagen. Zu der Zeit hatte Hans schon mehr als 900 Bomben entschärft. Aber ehe die Nazis in die peinliche Situation kommen konnten, einen KZ-Insassen mit dem Ritterkreuz auszuzeichnen, näherte sich die Anzahl der Bomben, die Hans entschärft hatte, der Zahl 1.000. Und Hans hatte den anderen Häftlingen immer gesagt: Leute, vorläufig geht bei mir nichts schief, aber wenn ich mal die tausendste Bombe entschärft habe, dann kann ich für nichts mehr garantieren ...»

So hatte er Ritterkreuz Ritterkreuz sein lassen und das Angebot von Heinz angenommen, bei Cilly unterzukriechen. «Wenn du abhaust, dann geh zu meiner Cilly», hatte Heinz ihm geraten.

Bomben-Hans wischte sich den letzten Schaum aus dem Gesicht und streckte die Hand aus. Cilly reichte ihm das Hemd.

«Was macht das Essen?» fragte er und streifte das Hemd über.

«Na, hör mal, nun mal langsam. Was glaubste denn, was hier los ist? Ich hab nicht mehr viel, woraus ich was kochen könnte. Drüben bei den Schwarz' sieht es noch schlechter aus. Der Wolfgang und der Büb, die haben Kohldampf wie die Raben und kriegen nichts.»

«Warum?» fragte Hans knapp.

«Ganz einfach, sie sind Halbjuden.»

«So», meinte Hans und wiederholte leise: «Ganz einfach.» Dann sagte er: «Paß auf, du kochst heute abend, und wir besorgen vorher was dazu.» Er stopfte sich das Hemd in die Hose und stiefelte nach draußen.

Cilly hatte ein ungutes Gefühl. Die Jungen stahlen sowieso schon wie die Elstern. Kein Wunder, die hatten ständig Hunger. Aber jeder wußte, wer erwischt wurde, war dran. Der konnte froh sein, wenn er nicht gleich erschossen wurde. Sollte man es für eine Pfanne zugegebenermaßen herrlicher Bratkartoffeln mit Speck riskieren, umgelegt zu werden? Die jungen Leute, Wolfgang, Büb und die anderen, meinten: ja.

Am nächsten Abend gab es zum erstenmal seit langem bei Cilly wieder ausreichend zu essen. Hans hatte mit ein paar Edelweißpiraten nachts einen Lastwagen ausgeräumt, Mehl, Brot, Kartoffeln, Grieß, Speck und etwas ranzige Butter waren ihre Beute.

Seither waren Monate vergangen. Bomben-Hans hatte inzwischen die Jungen näher kennengelernt und sich mit ihnen angefreundet. Da waren neben den Schwarz-Jungen Addi Schütz, Müllers Hans, Bermel, Bubes Rheinberger und Barthel, Bartholomäus Schink. Der wohnte etwas weiter weg, auf der anderen Seite der Venloer Straße, in der Keplerstraße. Die Jungen kannten einander schon lange. Die Luftschutzbunker und die Parks waren ihre Treffpunkte. Dort trafen sie sich mit denen, die in anderen Stadtteilen wohnten, wie Schäng, Fän, Gitarren-Jonni und Drumm. Sie alle waren seit langem Edelweißpiraten. Für das Edelweiß hatten sie so manche Schlacht mit der HJ bestanden.

Zuerst hatte Hans gedacht: Mein Gott, was soll ich mit diesen Rotzlöffeln anfangen? Die quasselten in jeder freien Minute von Lagerfeuern und Ausflügen mit dem Rheindampfer, die sie vor Jahren unternommen hatten. Erst nach und nach merkte er, daß die Jungen schon vor dem Krieg, zu einer Zeit, als er selbst noch gar nicht daran gedacht hatte, gegen die Nazis angegangen waren. Klar, da war keine Planung, keine Organisation gewesen. Alles war ganz spontan verlaufen. Aber die hatten Dinge getan, zu denen Mut gehörte. Hans sprach zwar nicht darüber, aber im Lauf der Zeit hatte er regelrecht Hochachtung vor den Edelweißpiraten bekommen.

Seit kurzem hatten sie nun ein richtiges Hauptquartier, im Keller der Schönsteinstraße 7. Oben darüber lag alles in Schutt und Asche, seit jenem Bombenangriff, mit dem die Engländer Ehrenfeld fast ausradiert hatten. Überall hatte es gebrannt, wirklich überall. Auch das Haus von Wolfgang und Büb Schwarz war getroffen worden. Sie hatten inzwischen ein paar Straßen weiter eine Unterkunft gefunden.

Cilly wohnte jetzt im Hinterhaus. Die Edelweißpiraten hatten ihr alles neu ausgebaut. Dann hatten Hans und die anderen Jungen der Gruppe auch den Keller instand gesetzt und den des Nachbarhauses ebenfalls. So hatten sie gleich einen Fluchtweg. Wenn es aus irgendeinem Grund brenzlig wurde, zog Cilly im Hinterhof an einem Draht, und bei ihnen im Keller bimmelte es. Dann konnten sie in aller Ruhe durch den Keller des Nebenhauses verschwinden.

1944
Die Entgleisung

Tagsüber war es schon warm wie im Mai, dabei war noch April. Führers Geburtstag stand kurz bevor. Die Jungen waren viel draußen in der Sonne. Nur Wolfgang arbeitete. Er meinte, das sei der sicherste Schutz vor den Nazis.

Diesmal hatten sie sich im Bunker in der Körnerstraße getroffen. Eins war klar: Führers Geburtstag mußte begangen werden.

«Aber wie?» fragte Fritz de Plaat.

«Laß mich nachdenken», sagte Barthel und legte die Stirn in Falten. «Wie können wir dem Schnäuzer ein Geschenk machen? Was meint ihr, sollen wir einen Zug entgleisen lassen?»

«Du spinnst», meinte Büb. «Wie soll das denn gehen, willst du der Lok ein Beinchen stellen?»

«Genau, das ist das einfachste von der Welt. Im Stellwerk liegen Hemmschuhe. Also müssen drei Mann los und Hemmschuhe holen.»

«Gut, aber was dann?» fragte Addi.

«Überleg mal», sagte Barthel, «wir müssen es da machen, wo die Braunen es am wenigsten erwarten.»

«Und das ist wo?» fragte Büb gespannt.

«Beim Bahnhof.»

«Du bist verrückt, mitten in der Stadt.»

Sie lagen jetzt schon eine Stunde am Bahndamm in der Böschung. Inzwischen war es Nacht, zwölf Uhr vorbei. Plötzlich knackte es links vor ihnen fürchterlich. Ein Scharren und unterdrücktes Fluchen. «Verdammte Scheiße», schimpfte jemand.

Barthel zog zur Vorsicht die Pistole. Aber es waren endlich Addi und Büb mit den Hemmschuhen. Es hatte also geklappt. Ihr Plan war, einen der Nachschubtransporte für die Front zu erwischen, die hier durch Ehrenfeld fuhren und dabei ein ganz schönes Tempo draufhatten.

«Also dann», flüsterte Barthel.

Sie kletterten den Bahndamm hinauf und legten in kurzen Abständen die Hemmschuhe auf die Gleise.

«Mensch, wie müssen uns beeilen, sie kommen wieder!» brüllte Bubes und zeigte in den Nachthimmel.

Sie brauchten sich jetzt keine Mühe mehr zu geben, leise zu sein. Die Motorengeräusche über ihnen wurden immer lauter.

«Mosquitos», rief Barthel.

Das Knattern der Flak setzte ein.

«Ein weiteres Geschenk für den Führer!» schrie Bubes und hielt den Daumen senkrecht nach oben.

In Richtung Klettenberg kamen schon die ersten Bomben herunter. Rechts und links flammten Suchscheinwerfer auf. Die Flak spuckte, was die Rohre hergaben. Aber viel nützte es nicht.

«Wir müssen weg, wir können das Geschenk nicht mehr selbst betrachten.»

Sie rutschten den Bahndamm hinunter. Über sich hörten sie den Zug kommen.

Am anderen Morgen sahen sie, daß ein Trupp ausgerückt war, um die Schienen zu reparieren und die Wagentrümmer beiseite zu räumen. Es hatte also geklappt: der Führer hatte sein Geschenk bekommen.

An einer Mauer am Bahndamm leuchtete in weißer Schrift und großen Blockbuchstaben ein Satz aus der Tischrede der Edelweißpiraten zu Ehren des Geburtstages von Adolf Hitler: «Räder müssen rollen für den Sieg, Köpfe werden rollen nach dem Krieg.»

1944
Ukrainischer Weizen

«Daß es das gibt.» Barthel blickte ungläubig auf Wanja, die ihm gegenüber saß. Sie war vielleicht siebzehn oder achtzehn Jahre alt. Er kannte das Mädchen aus dem Zwangsarbeiterlager nun schon einige Zeit.

«Du kannst es wirklich glauben», sagte sie mit einer Stimme, die für ihn irgendwie nach Rußland klang, «stundenlang kannst du fahren und kommst nur an Weizenfeldern vorbei, immer nur Weizenfelder...»

Barthel stocherte mit einem Stück Regenrinne in dem verglimmenden Feuer. Ein paar Kartoffeln schmorten noch. Die meisten hatte Wanja schon gegessen.

Sie hatten sich aus Ziegelsteinen zwei Sessel gebaut. Vorn im Haus hatten die Bomben alles zertrümmert. Aber hier hinten, im Garten, war es noch ganz idyllisch. Zwei alte Kirschbäume standen da, eine Kiefer, dazwischen ziemlich hohes Gras. Wanja hatte sich neben den Ziegelsteinsessel an einen der Kirschbäume gesetzt. Barthel hockte auf seinem Thron aus Stein.

Sie ist schön. Ukrainischer Weizen, dachte er, genauso sehen ihre Haare aus. Wie schön wäre sie erst, wenn diese Verbrecher sie nicht so verkommen ließen. Denn die Leute im Lager bekamen immer weniger zu essen. Manchmal heulten sie vor Hunger. Und Wanja war wie ein Wolf über die Röstkartoffeln hergefallen. Sie hatte nicht einmal warten wollen, bis sie gar waren, eine hatte sie noch roh hinuntergeschluckt.

Bisher hatte Barthel sich nicht besonders für Mädchen interessiert, jedenfalls nicht so. Bei Wanja aber war das etwas anderes. Die konnte wunderbar erzählen. Manchmal verstand er sie nicht so ganz. Ihre Großmutter, die wohl eine Volksdeutsche gewesen war, hatte ihr ein wenig Deutsch beigebracht. Aber es klang fremdartig. Trotzdem hörte er ihr gern zu. Von der Ukraine hatte er keine Ahnung gehabt, das mußte ein schönes Land sein!

«Ich glaube, wir werden alle sterben», sagte Wanja plötzlich.

Eben hatte sie noch gelacht. «Wir bekommen nur noch einmal am Tag eine wäßrige Suppe und zweimal ein Stück Brot. Wenn ihr nicht wärt, wären schon mehr gestorben ...»

«Verfluchte Verbrecher», stammelte Barthel vor sich hin. «Verfluchte Verbrecher.»

Er wußte, wie es in den Zwangsarbeiterlagern aussah. Die Leute lebten zusammengepfercht in engen, dunklen Baracken mit dreistöckigen Betten. Manche hatten als Kleidung nur Kartoffelsäcke, manche keine Schuhe, selbst im Winter. Und überall grassierten Krankheiten, vor allem Tuberkulose. Die Edelweißpiraten wunderten sich oft, daß die Arbeiter nicht massenhaft ausbrachen. Noch immer waren es nur einzelne. Je härter die Bombenangriffe wurden, desto günstiger wurden auch die Verhältnisse draußen für sie: Sie konnten in den Trümmern Unterschlupf finden und darauf hoffen, daß bald alles vorbei war.

«Ich gehe nicht mehr zurück, Barthel, ich bleibe draußen, und wenn sie mich erschießen. Wenn ich wieder reingehe, sterbe ich bald.»

Barthel stand auf und setzte sich neben Wanja an den Baum. Sie drückte seinen Kopf in ihren Schoß und streichelte mit der einen Hand über seine Haare, mit der anderen angelte sie sich eine Kartoffel aus dem Feuer.

Kauend sagte sie: «Zu Hause haben wir auch schon Hunger gehabt.» Sie kaute schweigend weiter. «Soll ich dir mal was erzählen», sagte sie plötzlich. Als Barthel nicht antwortete und sich auch nicht rührte, begann sie: «Ich erzähl dir mal von Ludmilla, die geht auch nicht mehr ins Lager zurück. Ludmilla ist aus Stawropol. Eines Morgens waren SS-Männer da. Die ganze Familie wurde vor das Haus getrieben. Dann mußten sie zusehen, wie die SS das Haus anzündete. Einfach so. Ohne jeden Grund. Als das Haus niedergebrannt war, wurde die Familie beiseite geführt und erschossen. Bis auf Ludmilla, die nahmen sie mit.

Sie würde ein fesches Hausmädchen in Deutschland abgeben, sagten sie ihr. Kannst du mir sagen, warum sie so etwas machen?»

Barthels Gesicht war grau und hart geworden. Er hob den Kopf. «Ich weiß es nicht. Sie sind eben Mörder. Ich habe keine andere Erklärung. Sie töten auch die eigenen Leute. Jeden, der nicht mitmacht ...»

Wanja, Zwangsarbeiterin aus der Ukraine

Wanja strich über Barthels Kopf. «Ich weiß, du bist anders, ihr alle seid anders, ihr helft uns, ohne euch wären viele verloren ...»

«Wanja?» Barthel blickte zu den zerstörten Giebeln hoch, wo sich ein paar Tauben eingenistet hatten. «Wie haben sie dich nach Deutschland gebracht? Bist du freiwillig mitgegangen?»

«Willst du es wirklich wissen?»

«Ja», sagte Barthel.

«Wir hatten Hunger. Sie teilten uns mit, am Bahnhof würde Brot verteilt. Als wir dort ankamen, wurden wir von allen Seiten von Soldaten umzingelt, und sie trieben uns in bereitstehende Waggons. So sind wir hierhergekommen.»

«Haben sie dir was angetan?»

«Nein, mir nicht, aber vielen anderen. Einen von uns haben sie ins Kloster Kiewo Petschersk verschleppt. Dort haben sie ihn an Ringen an die Decke hochgezogen und mit Lederpeitschen auf ihn eingeschlagen. Draußen hatte es gefroren. Sie haben ihn rausgejagt und mit kaltem Wasser übergossen. Er war nackt, und das Wasser fror sofort auf seiner Haut ...»

«Warum haben sie das gemacht?»

«Warum, warum? Viele von uns mußten Leichen ausgraben von Landsleuten, die von der SS schon lange vorher ermordet worden waren. Die Leichen sollten dann verbrannt werden. Unser Freund hatte sich geweigert mitzumachen. Da haben sie ihn ins Kloster geschickt. Der konnte froh sein, daß sie ihn nicht auf der Stelle erschossen haben. Aber er sagte, das wäre ihm lieber gewesen. Jetzt, wo seine Frau tot sei, wollte er nicht mehr leben ...»

«Weshalb graben sie denn die Leichen wieder aus?» fragte Barthel.

«Ich weiß es nicht genau, manche von uns vermuten, sie haben Angst, daß ihre Verbrechen entdeckt werden.»

«Aber das hieße doch», sagte Barthel, «daß sie damit rechnen, den Krieg zu verlieren.»

«Klar, die wissen, daß sie auf Dauer nicht gewinnen können, seit Stalingrad wissen sie das. Die Rote Armee kommt immer näher, da wollen sie die Leichen beseitigen.»

«Und die Frau, ich meine die Frau von eurem Freund, die haben sie auch erschossen?»

«Nein, die hat sich erhängt. Sie stammte aus dem Ort Kiewerce.

Alle jungen Frauen dort mußten in einen Duschraum. Als sie drin waren, nackt natürlich, merkten sie, daß überall SS-Leute waren, auch weibliche, die Fotos machten. Sie haben sie zu ganz schlimmen Dingen gezwungen, die dann von der SS fotografiert wurden. Viele haben sich danach umgebracht. Sie konnten die Schande nicht ertragen...»

Lange schwiegen sie. Das Feuer war erloschen. Schließlich sagte Barthel: «Ich kann ihn verstehen.»

«Wen?»

«Den Roland. Der ist Deserteur, bei der Wehrmacht abgehauen. Jetzt macht er bei uns mit. Der dreht immer fast durch, wenn er einem Nazi in Uniform begegnet. Neulich hat ihn mal zufällig einer angerempelt, so im Vorbeigehen. Da hat der doch die Pistole rausgerissen und wollte losknallen. Wir konnten ihn gerade noch zurückhalten. Erst haben wir gedacht, der spinnt. Ich meine, bewaffnet sind wir ja alle. Aber einfach losknallen, ohne daß der andere sich verteidigen kann, das konnten wir nicht verstehen. Wir wußten eben nichts. Klar, wir wußten, die Nazis sind brutal, sie haben uns schließlich oft genug eingesperrt und verprügelt, bis wir nicht mehr gehen und stehen konnten. Von den anderen Sachen, von den KZ und wie es bei euch im Lager aussieht, das haben wir erst nach und nach erfahren, seit wir regelmäßig den Sender Nippes hören, das heißt den Ami-Sender oder BBC und Radio Moskau...»

Er redete nicht weiter. Wanja bog den Kopf vor und legte ihre Lippen auf Barthels Mund. Ganz zart, als wären sie aus Glas. «Wenn die Deutschen alle so wären wie du, würde es keinen Krieg geben, keinen Mord und all die schlimmen Sachen.»

«Weißt du, was ich möchte», sagte Barthel, «ich möchte mit dir einen Sonntagsspaziergang im Blücher-Park machen. Dann sind da überall Leute, fein angezogen, Blumen blühen, alles sieht festlich aus. Vielleicht könnten wir nach dem Mittagessen – es gibt Schweinebraten, Kartoffeln und Rotkohl – zum Fußball gehen. Hast du Ahnung von Fußball, Wanja?»

«Njet», lachte sie.

«Also zum Fußballspiel. Auf Linksaußen würde der Büb stürmen. Büb ist der trickreichste Linksaußen von Ehrenfeld.»

«Und abends», sagte Wanja zwinkernd, «was machen wir abends?»

Barthel strahlte über das ganze Gesicht. «Wir sind natürlich längst verheiratet und dürfen deshalb abends alles machen, was wir wollen, ins Kino gehen und so weiter...»

«Und jetzt dürfen wir das nicht?»

Barthel blickte Wanja ins Gesicht. «Meinst du?» sagte er. «Ich hab aber noch nie.»

«Ich auch nicht», antwortete Wanja.

Barthel legte die 08 beiseite.

Zwangsarbeiter

Wanja, Barthels ukrainische Freundin, war
Zwangsarbeiterin in Köln.
Ab 1942 setzte ein systematischer Verkauf
von Zwangsarbeitern, vor allem aus Osteuropa, an die Industrie, aber auch an
private Haushalte ein.
Der Start wurde gegeben durch eine "Geheime
Kommandosache" des "Generalbevollmächtigen
für den Arbeitseinsatz" Fritz von Sauckel:
"Es ist daher unumgänglich notwendig, die in
den besetzten sowjetischen Gebieten vorhandenen Menschenressourcen voll auszu-
schöpfen. Gelingt es nicht, die benötigten
Arbeitskräfte auf freiwilliger Grundlage
zu gewinnen, so muß unverzüglich zur Aus-
hebung derselben bzw. zur Zwangsverpflich-
tung geschritten werden.
Neben den schon vorhandenen, noch in den
besetzten Gebieten befindlichen Kriegsgefangenen, gilt es also vor allem, Zivil-
und Facharbeiter und -arbeiterinnen aus
den Sowjetgebieten vom 15. Lebensjahr ab
für den deutschen Arbeitseinsatz zu
mobilisieren...
Um der...aufs höchste in Anspruch genommenen deutschen Bauersfrau eine fühl-
bare Entlastung zuteil werden zu lassen...

hat mich der Führer beauftragt, aus den östlichen Gebieten etwa 400 000 bis 500 000 ausgesuchte gesunde und kräftige Mädchen ins Reich hereinzunehmen..."

Der Wirtschaftsstab des Oberkommandos im Osten stellt in einem Geheimen Rundschreiben fest:
"Die Russen sind vornehmlich beim Straßen- und Eisenbahnbau, bei Aufräumungsarbeiten, Minenräumen und beim Anlegen von Flugplätzen zu beschäftigen. Die deutschen Baubataillone sind weitgehend aufzulösen, die deutschen Facharbeiter gehören in die Rüstung. Schippen und Steineklopfen ist nicht ihre Aufgabe, dafür ist der Russe da..."

Weitere Anordnungen der Nazis zum Thema "Ostarbeiter":
"All diese Menschen müssen so ernährt, untergebracht und behandelt werden, daß sie bei denkbar sparsamsten Einsatz die größtmögliche Leistung hervorbringen..."
"Die Ausübung des Geschlechtsverkehrs ist den Arbeitskräften aus dem altsowjetischen Gebiet verboten. Durch die streng abgeschlossene Unterbringung haben sie auch an sich keine Gelegenheit dazu. Für jeden Geschlechtsverkehr mit deutschen Volks-

genossen oder Volksgenossinnen ist bei
männlichen Arbeitskräften aus den altsowjetischen Gebiet Sonderbehandlung, bei
weiblichen Arbeitskräften Einweisung in
ein KZ zu beantragen..."
"Für die Sicherheitsmaßnahmen sind die
entscheidenden Erwägungen Schnelligkeit
und Strenge. Nur die folgenden Strafen
dürfen verhängt werden: Verpflegungs-
entzug und Erschießung auf Grund kriegs-
gerichtlichen Urteils..."

Zur "Sonderbehandlung ausländischer
Arbeiter" führte SS-Standartenführer
Dr. Albath, Inspektor der Sicherheitspolizei
und des SD, aus:
"...Sonderbehandlung kann auch ohne vor-
herige Genehmigung des Reichssicherheits-
hauptamtes durchgeführt werden...
Dort, wo es sich um eine größere Anzahl
handelt, wird nur zum Teil eine öffentliche
Sonderbehandlung angebracht sein.
Im übrigen kann diese stillschweigend und
auch durch Erschießen erfolgen..."

Im Januar 1945 lebten 4.795.000 Zwangsarbeiter aus 14 Nationen in Deutschland.
Nur rund 200.000 davon waren freiwillig
gekommen.

1944
Die Erschießung
des Ortsgruppenleiters

Am Abend des 28. September 1944 hatte der Ortsgruppenleiter Söhntgen keine rechte Lust mehr, noch einmal eine Runde durch das Stadtviertel zu machen. Er stand gern früh auf, um die neuesten Nachrichten über die schweren Abwehrkämpfe der deutschen Wehrmacht zu hören. Er jedenfalls glaubte nicht an die Gerüchte, die verbrecherische Elemente auf Flugblättern immer dreister in Ehrenfeld verbreiteten. Der Krieg sei schon verloren, hieß es da. Oder: «Nieder mit Hitler.» Das Gesindel schmierte die schlimmsten Parolen an Mauern und Häuserwände.

Erst kürzlich hatte er Befehl geben müssen, ein solches staatsfeindliches Geschmiere am Ehrenfelder Bahnhof übermalen zu lassen. «... Köpfe werden rollen nach dem Krieg.» Fragt sich nur, wessen Köpfe bald rollen, spottete er, rückte den Koppel zurecht und setzte sich dann an den Abendbrottisch.

Er war sich übrigens ganz sicher, daß mit dieser Sache wieder diese kleine Rotznase aus der Keplerstraße zu tun hatte. Schenk oder so ähnlich hießen die Leute.

Der Ortsgruppenleiter nahm ein Ei und umschloß es mit der Hand. Das Ei war noch angenehm warm. Draußen wurde es dagegen ungemütlich kühl. Natürlich war so ein Ei ein Privileg. Aber er hatte es sich verdient. Von wegen Krieg verloren. Am Militärring bauten sie jetzt die Batterien für die V2-Raketen auf. Bald war es soweit, dann würden sie wieder Siege feiern. Das war ganz sicher. Die Gegner des Deutschen Reiches sollten sich nur ja vorsehen. Die hatten keine Ahnung, wie groß die Kraft und der Durchhaltewille des Volkes waren.

Söhntgen hob das Messer und schlug die Kuppe des Eis exakt oberhalb des Dotters ab. Leise summte er sein Lieblingslied: «Das kann doch einen Seemann nicht erschüttern, keine Angst, keine Angst, Rosmarie ...» Er holte tief Luft und schmetterte dann mit voller Kraft:

«und wenn die ganze Erde bebt
und die Welt sich aus den Angeln hebt.
Das kann doch einen Seemann nicht erschüttern,
keine Angst, keine Angst, Rosmarie...»

Gestern hatte er ein Erlebnis gehabt, das ihn hoffen ließ, der schwere Schicksalskampf konnte siegreich bestanden werden – mit und ohne V2.

Er hatte in einem Bus gesessen, der aus Köln in Richtung Bergisches Land fuhr. Alles war vollgepackt mit Kisten, Rucksäcken, Beuteln und Körben. Die Menschen hingen erschöpft in den Sitzen. Einige ältere Männer mit hohlen Wangen und Bartstoppeln im Gesicht schauten ihn an. Etwas unbehaglich war ihm schon.

Im hinteren Teil des Wagens standen einige junge Mädel, fesche Dinger, das mußte man schon sagen. Der Motor dröhnte, die übrigen Fahrgäste saßen apathisch da – und plötzlich fingen die Mädels mit hellen Stimmen zu singen an:

«Wir woll'n zu Land ausfahren
über die Fluren weit,
fernab zu den klaren Gipfeln der Einsamkeit.»

Es war wie ein Wunder. Die müden, zerschlagenen Menschen richteten sich auf, es kam wieder Glanz in ihre Augen. Zuerst hatte ein Mann leise gesagt: «Wie könnt ihr singen, wo Hunderttausende so große Not leiden.» Aber als die Leute dann die schönen Melodien der Volkslieder vernahmen, da ging ihnen das Herz auf. Der alte Mann neben ihm sagte: «Das ist der Gesang zwischen Tod und Leben. Wir kommen aus der Stadt des Todes in das Land des Lebens. Wenn die Mädel nur wüßten, was sie mir Gutes tun mit ihrem Gesang.» Er hatte ein geschwärztes Gesicht vom Ruß der letzten Terrornacht. Über sein Gesicht rollten Tränen – Tja, er mußte gestehen, auch er war ein wenig gerührt gewesen. Mit einem Ruck stand der Ortsgruppenleiter auf, nahm die Mütze vom Haken und setzte sie sorgfältig auf.

Die Beobachtungen der letzten Zeit hatten eine Reihe von wichtigen Anhaltspunkten für die Zerschlagung der Terrorgruppen in Ehrenfeld gegeben. Besonders über jene unverantwortlichen Personen, die den Verbrechern Unterkunft gewährten. Manchmal mußte er sich wirklich wundern. Zum Teil waren das gute Nachbarn, die er seit vielen Jahren kannte. Man konnte eben in keinen reingucken. Und wenn es um Deutschland ging, dann gab es kein Pardon mehr.

Am besten ging er zuerst noch kurz bei seiner Dienststelle vorbei. Er stieg die Treppen hinunter, holte sein Fahrrad aus dem Flur, schwang sich in den Sattel und fuhr in Richtung Ehrenfeldgürtel.

Um die gleiche Zeit spazierten Roland Lorent und Hans Balzer langsam die Venloer Straße herunter. Zwischen ihnen ging Anneliese. Sie trug ein Blümchenkleid von der Mutter. Eigentlich war es schon zu kalt für das Fähnchen. Aber das Kleid paßte wunderbar zu ihr. Roland guckte sie bewundernd an. Er war insgeheim verliebt in sie. Insgeheim deshalb, weil er wußte, daß es Anneliese mehr zu Balzer zog, und Balzer war sein Freund.

«He, Roland!» Anneliese zwickte ihn am Arm. «Wo bist du? Wach auf!» Sie gab ihm einen Schubs. «Ist das nicht der Söhntgen, da auf dem Rad?» rief sie plötzlich.

Durch Roland ging ein Ruck. Dann erkannte auch er den Ortsgruppenleiter. Der war mit seinem Fahrrad gerade an der Ecke Venloer Straße- und Ehrenfeldgürtel angekommen.

Söhntgen guckte nach links und rechts, obwohl hier selten Autos durchkamen. Schutthalden machten die Fahrbahn zur engen Gasse.

Hans Balzer und Anneliese sahen, daß Roland blaß geworden war. Ehe sie eingreifen konnten, faßte er in die Jackentasche und holte seine achtschüssige Walther heraus. Ganz ruhig zog er mehrmals durch.

Im nächsten Augenblick sank Ortsgruppenleiter Heinrich Söhntgen, dessen Pflichtbewußtsein so vielen Ehrenfeldern den Tod gebracht hatte, tödlich getroffen vom Rad.

1944
Barthels Gitarre

«Sie kommen wieder», flüsterte die Mutter.

Auf der Treppe polterte es. Dann wurde die Tür aufgerissen und knallte gleich danach krachend ins Schloß.

«Barthel, du bist es!» rief die Mutter erleichtert. Sie stürzte auf ihren Sohn zu, stutzte. «Barthel», sagte sie dann, «was ist los, wie siehst du denn aus!»

Barthel sah eigentlich aus wie immer: Kurze schwarze Hose, kariertes Hemd, Manchesterjacke, am Rockaufschlag das Edelweiß, über der einen Schulter hing die Gitarre. Er grinste von einem Ohr zum anderen. Das Grinsen hatte er sich in der letzten Zeit angewöhnt – weiß der Himmel, wo er das herhatte.

Und doch war er anders als sonst. Er wirkte gehetzt, die blonden Haare hingen ihm wirr in die Stirn. Sonst hatte er immer Wert auf ordentlich gekämmte Haare gelegt. Die Mutter war zutiefst erschrocken. Denn an Barthels rechter Schulter hing eine blankgeputzte Maschinenpistole, am Gürtel eine Patronentasche.

«Mutter, reg dich nicht auf, es geht nicht mehr anders.»

Addi, Barthels jüngerer Bruder, der am Küchentisch saß, sah den schwer bewaffneten Bruder bewundernd an. Die Mutter hatte Tränen in den Augen. War das noch ihr Barthel, der kleine Barthel, wie sie ihn alle genannt hatten?

«Mutter, hör auf zu heulen. So geht es nicht weiter, wir müssen Schluß machen mit den Nazis.» Er ließ die Maschinenpistole auf den Fußboden gleiten. «Ich muß sofort wieder weg», sagte er und blickte hinüber zum Küchenherd.

Die Mutter verstand, wischte sich mit der Schürze die Tränen ab, füllte einen Teller mit Kartoffelsuppe und stellte ihn vor Barthel auf den Tisch. Er machte sich wie ein Wolf über das Essen her.

«Junge», sagte die Mutter, «iß anständig. So schnell, das ist nicht gut für den Magen.»

Barthel aß ein wenig langsamer, blickte kurz auf, grinste. Ja, das ist wieder der alte Barthel, dachte die Mutter. Barthel sah, wie die

Mutter das Verdunkelungsrollo ein wenig beiseite zog und in den Hinterhof blickte.

Sie wohnten jetzt schon einige Jahre in der Keplerstraße. Die alte Wohnung in der Vogelsanger Straße war ausgebombt worden. Die Vormieterin hier hatte Hals über Kopf alles im Stich lassen müssen. Sie war Halbjüdin, und die Nazis wollten sie abholen. Vielleicht wäre es ihr so ergangen wie Spieroth. Die Frau hatte sich an die Eltern gewandt und gesagt: Gebt mir 2000 Mark, dann könnt ihr die Wohnung haben. Sie hatte die Eltern richtig angefleht. Sie hatten dann das Geld besorgt. Das war ihnen nicht leichtgefallen. Vielleicht hatten sie der Frau damit wirklich geholfen. Jedenfalls wohnten sie seitdem hier. Es war ein altes Haus mit vielen Ecken, Nischen und Ausgängen. Sehr günstig.

Barthel wußte, daß die Nazis schon seit Monaten die Wohnung beobachteten. Seit Wochen kam die Gestapo zur einen Tür herein, während er gerade noch zur anderen Tür hinausstürmen konnte. Er wußte, daß sie seiner Mutter und den Geschwistern immer wieder dieselbe Frage stellten: «Wo ist Ihr Sohn?» Die Mutter antwortete immer das gleiche: «Der ist am Westwall, beim Schanzen.»

Manchmal hielt sich die Gestapo tagelang in der Wohnung auf und ließ die Mutter und die anderen nicht einmal unbewacht zum Klo gehen. Einmal hatten sie Titti abgeholt, obwohl die ja wirklich nur Jungen im Kopf hatte. Im übrigen arbeitete Titti ganz brav bei DuMont-Schauberg als Buchbinderin. Die hatte natürlich gar nichts gewußt. Oder doch? Sie hatte jedenfalls eine große Schnauze, grüßte immer mit «Guten Morgen», nicht mit «Heil Hitler».

«Wo ist der Bruder?» hatten sie Titti bei der Gestapo gefragt.

Sie hatte Ohrfeigen bekommen, aber weiter nichts gesagt als: «Der Barthel ist am Westwall.»

«Wenn wir den erwischen, wird er erschossen.»

Trotzig hatte Titti wiederholt: «Der ist am Westwall.»

Als man sie schließlich gehen ließ, hatte sie stolz verkündet: «Ich bin eine angehende Edelweißpiraten-Bandenführerin...» Zum Abschluß hatte sie dafür noch eine Ohrfeige bekommen.

Wenn Barthel gewußt hätte, was sie Titti angetan hatten, wäre er sofort zur Gestapo in die Elisenstraße gegangen und hätte Krach gemacht. Die Mutter verschwieg es ihm, weil sie Angst hatte, er würde durchdrehen wie damals, als Spieroth umgebracht worden

Karoline Banten, genannt Titti

war. Aber das konnte er sich jetzt nicht mehr erlauben. Wenn er etwas erreichen wollte, dann mußte alles sorgsam geplant werden. Es war öfter vorgekommen, daß die Gestapo in der Wohnung der Eltern war, während er mit Bubes und einigen anderen in den Trümmern gegenüber nach Verschütteten suchte. Das war vielleicht ein bißchen riskant gewesen, aber sie konnten die Leute doch nicht einfach umkommen lassen.

Addi schaltete jetzt das Radio an. Nachrichten. «... erstattete dem Führer die Meldung, daß sich 70 Prozent des Jahrgangs 1928 freiwillig zu den Waffen gemeldet haben. Der Führer begrüßte die Meldung der Kriegsfreiwilligen der Hitlerjugend.» Kurze Pause. Dann schallte die Stimme des Führers durch die Küche: «Meine Hitlerjugend!»

Barthel grinste und sagte zu Addi: «Paß auf, der meint mich...»

«Mit Stolz und Freude habe ich eure Meldung als Kriegsfreiwillige...»

Barthel stand ruckartig auf, stieß den Stuhl zurück. «Ich muß weg», sagte er. Mit zwei Schritten hatte er den Küchenschrank erreicht. Darauf stand sein Grammophon, an das in der letzten Zeit keiner mehr herandurfte. «Das ist mein Heiligtum», hatte er immer gesagt.

Barthel nahm das Grammophon auseinander, holte eine Pistole heraus. Er hob sie leicht an, blickte zu Addi und sagte knapp: «Eine 08.» Er steckte die Pistole in den Gürtel, ergriff die Gitarre und reichte sie dem kleinen Bruder. «Da nimm sie, ich brauch sie nicht mehr.» Er schaute die Mutter an. «Mama, jetzt komme ich nicht mehr wieder.»

Barthel schnappte sich die MP, und ehe die Mutter und der Bruder noch etwas sagen konnten, war er verschwunden, durch einen der vielen Ausgänge über die Hinterhöfe, verschwunden in den Trümmerfeldern von Ehrenfeld.

Addi schaltete den Volksempfänger ab und sagte: «Mama, kann ich noch etwas Kartoffelsuppe haben?» Dann marschierte er stolz in der Küche auf und ab, über der Schulter Barthels Gitarre, die jetzt ihm gehörte. Die Mutter antwortete nicht.

Familie Schink, hinten Mitte Barthel,
links von ihm seine Schwester Titti,
rechts und links außen die Eltern,
vorn in der Mitte der Bruder Addi

Die Rede des Führers

Im Oktober 1944 hielt Adolf Hitler eine
Rede an die deutsche Jugend. Sie hat
folgenden Wortlaut:
"Meine Hitler-Jugend! Mit Stolz und Freude
habe ich eure Meldung als Kriegsfreiwillige
des Jahrgangs 1928 entgegengenommen. In der
Stunde der Bedrohung des Reiches durch
unsere haßerfüllten Feinde habt ihr ein
leuchtendes Beispiel kämpferischer Gesinnung und fanatischer Einsatz- und Opferbereitschaft gegeben. Die Jugend unserer
nationalsozialistischen Bewegung hat an der
Front und in der Heimat erfüllt, was die
Nation von ihr erwartet. Vorbildlich haben
eure Kriegsfreiwilligen in den Divisionen
'Hitler-Jugend', 'Großdeutschland', in den
Volksgrenadierdivisionen und als Einzelkämpfer in allen Wehrmachtsteilen ihre
Treue, ihre Härte und ihren unerschütterlichen Siegeswillen durch die Tat bewiesen.
Die Erkenntnis von der Notwendigkeit
unseres Kampfes erfüllt heute das ganze
deutsche Volk, vor allem aber seine Jugend.
Wir kennen die erbarmungslosen Vernichtungspläne unserer Feinde. Deshalb werden wir
immer fanatischer diesen Krieg für ein Reich
führen, in dem ihr einmal in Ehren arbeiten

und leben werdet. Ihr aber, als junge nationalsozialistische Kämpfer, müßt unser ganzes Volk an Standfestigkeit, zäher Beharrlichkeit und unbequemer Härte noch übertreffen. Der Lohn des Opfers unseres heldenmütigen jungen Geschlechts wird im Sieg zur stolzen und freien Zukunft unseres Volkes und nationalsozialistischen Reiches führen."

1944
Schönsteinstraße 7

Cilly stand auf, strich ihren Rock glatt und schaute zu Bomben-Hans hinüber. Er tat so, als würde er es nicht bemerken. Sie zog das Verdunkelungsrollo herunter, schaltete das Licht an und verließ den Kellerraum. Hans saß an einem Holztisch, auf dem ein provisorisch hergestellter Stadtplan ausgebreitet war. Er hatte wieder Falten um die Mundwinkel, sah aus, als grinste er.

Dabei wurde die Situation immer unerträglicher. Fast jede Nacht Bombenangriffe, manchmal sogar am Tag. Durch die Straßen von Ehrenfeld patrouillierten Gestapo und SS-Truppen, die jeden festnahmen, der sich nicht ausweisen konnte oder irgendwie verdächtig erschien. Verdächtig waren vor allem männliche Personen, wenn sie nicht augenscheinlich Kinder waren. Aber als Kinder galten bestenfalls Zehn- oder Elfjährige.

«Wir können es schaffen», sagte Bomben-Hans plötzlich, «wir können es schaffen.» Er stieß den rechten Zeigefinger auf den Appellhofplatz in dem Plan und fuhr dann mit dem Finger ein kurzes Stück weiter zur Elisenstraße. «Es kommt alles darauf an, wie es zeitlich klappt. Es muß blitzschnell gehen ... Wo bloß die Jungen bleiben ...?»

Hans Balzer nickte. «Hoffentlich sind sie nicht geschnappt worden.»

«Glaube ich nicht, die sind ganz schön fix, die lassen sich von den Nazis so schnell nicht reinlegen», sagte Hans.

Balzer setzte sich zu Hans an den Tisch und entfaltete den «Stadtanzeiger». «Hör mal zu, was hier steht: Überschrift: ‹Erkennungsmarken für Ostarbeiter›, warte mal, ach ja, hier, weißt du, was die schreiben?»

«Lies mal.»

«Also ... ‹In diesem Zusammenhang müssen wir wieder einmal darauf hinweisen, daß eine zu weitgehende Rücksichtnahme auf ostländische Arbeiter und Arbeiterinnen völlig fehl am Platze ist. Es darf vor allem nicht vorkommen, daß diesen Ausländern bessere

Lebensbedingungen gegeben werden als den rückgeführten Volksgenossen aus der Kampfzone oder aus den bombardierten Städten!›
Jetzt kommt's gleich: ‹... ein solches Handeln widerspricht nicht nur unserem deutschen Gemeinschaftsgefühl und unserer nationalen Ehre, sondern verwirrt auch die Begriffe. Wir müssen uns immer bewußt bleiben, daß die Arbeiterinnen und Arbeiter aus dem Osten ohne Habe und meist in zerfetzten und zerlumpten Kleidern und unzulänglichem Schuhwerk zu uns kommen und daß es uns heute oft schwer fällt, diese Menschen äußerlich von deutschen Volksgenossen zu unterscheiden. Sie haben bei uns zum ersten Male Fühlung mit Zivilisation und Gesittung bekommen. Es geht ihnen gut, sehr gut in Deutschland ...›»

Hans knallte die Faust auf den Tisch, daß Balzer zusammenfuhr. Er sah jetzt ganz verbittert und böse aus. «Lies bitte zu Ende», sagte er leise.

«Also: ‹Sie werden menschenwürdig behandelt, sie erhalten einen guten Lohn für ihre Arbeit, gutes, kräftiges Essen, Kleidung und gutes Lager. Obendrein erfreuen sie sich mancher sozialer Vorzüge, von denen sie sich in ihrer Heimat wirklich nichts träumen ließen ...› Ich glaub, ich mach Schluß, in dem Stil geht das weiter.»
Ärgerlich warf Balzer die Zeitung in die Ecke.

Plötzlich klimperte draußen eine Spieluhr, Mozart, die kleine Nachtmusik. Addi hatte die Spieluhr in einer Ruine der Försterstraße gefunden. Jetzt wurde sie als Erkennungszeichen benutzt.

Als erster kam Barthel durch die Tür. Hinter ihm Bubes, Büb und zwei Jungen, die noch nie hier gewesen waren und von Hans mißtrauisch gemustert wurden.

«Das sind Schäng und Fän», sagte Barthel. «Die sind in Ordnung, Hans. Sie sind aus Sülz, auch Edelweißpiraten.»

«Wir müssen gleich wieder weg», sagten Schäng und Fän fast gleichzeitig. «Wir wollten euch nur was bringen.»

«Laßt sehen.» Hans beugte sich über ein kleines Päckchen, das Schäng auf den Tisch gelegt hatte, und packte es aus. «Mensch, genau das, was wir brauchen, Schnüre und Zündhütchen. Hätten wir die nur eher gehabt! Dann hätten wir nicht so knappsen müssen und hätten den Jungen aus Geilenkirchen was abgeben können, für diese HJ-Baracke, die sie in die Luft jagen wollten. Na ja.»

Barthel erklärte Hans, wie die beiden an das Zeug herangekommen waren: «Reiner Zufall. Schäng und Fän haben Kinder beobachtet, die mit den Schnüren und Hütchen spielten, die Sachen an eine Batterie anschlossen und darauf warteten, daß es ‹peng› macht. Fän ist den Kindern nachgegangen und hat in einem Keller ein Brückensprenggerät gefunden, so einen viereckigen Kasten, mit einem Kabel dran. Ja, und da lag noch mehr von dem Zeug ...»

«Mensch, großartig», sagte Hans. «Jetzt kann nichts mehr passieren, jetzt sprengen wir die Verbrecher in die Luft. Freunde, demnächst gibt es in der Elisenstraße einen großen Knall, und dann ist Schluß mit der Gestapo. Hier!» Er schob eine Kiste beiseite und holte etwas hervor: eine Pistole 08. Er gab sie Fän. Der zögerte, nahm sie dann aber.

«Eine Luger P 08, 9 Millimeter Parabellum, 8 Schuß», sagte Barthel.

«Mann, das ist 'n Ding», staunte Fän.

Hans faltete den Stadtplan zusammen und blickte die beiden Sülzer an. «Warum seid ihr eigentlich so spät gekommen?»

Barthel antwortete für die beiden: «Tja, Hans, das war so, die waren erst auf der Polizei und ...»

«Wo waren sie?»

«Auf der Polizei. Sie sind nämlich von einer HJ-Streife angehalten worden. Wegrennen konnten sie nicht mehr. Sie mußten aufs Revier. Aber da saß so ein alter Polizist, der fragte die von der HJ als erstes: ‹Was haben die beiden denn gemacht?› Die von der HJ antworteten: ‹Ja, sehen Sie denn nicht, wie die rumlaufen? Das sind doch Hochverräter!› – ‹Haben sie geschossen oder eingebrochen?› – ‹Nein›, mußten die antworten. Da hat der Alte Schäng und Fän laufen lassen. Und da ist noch was», Barthel gluckste vor Lachen, «stell dir das vor, der Schäng hatte am Gürtel ein Fünfkopekenstück mit Hammer und Sichel drauf ... stell dir das vor, Mann!»

Bomben-Hans war blaß geworden. «Seid ihr total wahnsinnig, so was ist doch viel zu auffällig, viel zu gefährlich! Haut bloß ab!» schimpfte er. Schäng und Fän verdrückten sich.

Bubes ließ sich auf einen Stuhl sinken. «Ich glaube, die sind noch zu klein, um bei uns mitzumachen.» Er angelte sich eine Zigarettenkippe aus der Tasche, und es gelang ihm, sie noch einmal in Brand zu setzen. «Sie sind wirklich noch zu klein», wiederholte er hustend.

«Es wird auch ohne sie klappen.» Hans klopfte Bubes auf den Rücken. Aber der Husten wollte kein Ende nehmen.

«Ich denke, wir machen es am 5. Oktober. Hier in der Nähe, ein paar Straßen weiter, steht in einem Hinterhof der DKW-Lieferwagen. Da sind rund zwanzig entschärfte Zwei-Zentner-Bomben drauf. Wir haben jetzt noch so viel Zeit, daß wir in Ruhe die Kabelverbindungen herstellen können. Es muß perfekt werden. Die Nazis rechnen mit so etwas nie. Deshalb können wir wahrscheinlich den Wagen unmittelbar vor dem Gebäude in der Elisenstraße abstellen. Das Abrollen des Kabels um die Ecke rum zum Appellhofplatz muß blitzschnell funktionieren. Fußgänger müssen von einigen von uns abgelenkt werden. Barthel, du übernimmst das Kabelabrollen; sobald du am Zündgerät angekommen bist, übernehme ich, stelle die Verbindung her und dann ... gute Nacht. Du rast sofort zu dem alten Mercedes. Das ganze dürfte nicht länger als zwei Minuten dauern. Bis die kapiert haben, was da los ist, sind wir weg.

Wir haben genug Sprengstoff, um die Bomben zu füllen. Trinitrotoluol-TNT, wenn euch das was sagt. Zünder sind jetzt auch da. Also paßt mal auf, wir machen das dann so: Erst die Zündschnur senkrecht in Längsrichtung mit einem scharfen Messer glatt abschneiden. Das Ende, wo gezündet werden soll, vorher mit Isolierband abdichten, kapiert? Also, dann weiter, die Zündschnur jetzt vorsichtig bis zum Innenhütchen in die Sprengkapsel einführen. Aber vorsichtig, Freunde, ganz vorsichtig, sonst knallt es, und wir sind alle im Himmel ...»

«Ich glaube, wir schaffen es», sagte Barthel.

Hans blickte auf. Der ist so wie ich, dachte er. Vor kurzem haben wir ihn noch den kleinen Barthel genannt. Aber inzwischen ist zuviel passiert. Barthel ist nicht mehr klein ...

1944

Der neue Mut

Barthel hatte in der letzten Zeit viel über die Jahre nachgedacht, die hinter ihnen lagen. Vieles war anders geworden im Vergleich zu früher.

Es war schon etwas anderes, ob sie – wie früher – aus einem offenen Waggon einen Sack Kartoffeln mitgehen ließen oder ob sie – wie heute – einen Einbruch machten, um Waffen und Lebensmittel zu beschaffen. Und es war etwas anderes, ob sie – wie früher – im Blücher-Park ein paar Hitlerjungen verprügelten, den dicksten Nazis ab und an mal einen Streich spielten oder ob sie – wie heute – bewußt Waffen benutzten.

Einige, die davon wußten, aber nicht mitmachten, hatten große Bedenken, ob das alles richtig war. Barthel hatte lange darüber nachgedacht, war aber immer zu dem gleichen Ergebnis gekommen: daß es nicht anders ging. Selbst in Ehrenfeld konnte man sehen, wie die Nazis die behandelten, die gegen sie auftraten.

Aus Wanjas Erzählungen wußte er, wie es den Zwangsarbeitern erging. Er hatte selbst so ein Lager gesehen. Und was er aus dem Zuchthaus Siegburg gehört hatte, klang auch nicht besser.

Und dieser sinnlose Krieg! Jeder wußte, daß er verloren war. Aber dennoch machten die Nazis weiter, und ungezählte Soldaten mußten sterben.

Einzelne liefen weg, wollten nicht mehr mitmachen. Er und seine Freunde hatten immer Verständnis, sogar Hochachtung vor solchen Leuten gehabt, sie nicht verächtlich als Deserteure angesehen. Wer desertierte, mußte großen Mut haben. Denn darauf stand die Todesstrafe. In ihrer Ehrenfelder Gruppe hatten sie jetzt auch Deserteure.

Früher hatte Barthel über all dies nie nachgedacht, er hatte immer nach dem Gefühl gehandelt. Aber er hatte immer gewußt, gegen wen oder was man kämpfen mußte. Sie alle hatten schon früh gemerkt, daß Mut dazu gehört, gegen Urecht und gegen Stärkere anzugehen.

Damals hatten sie sich gefragt, warum sie stramm stehen sollten, nur weil so ein Obernazi, der nicht viel älter war als sie, das wollte. Alle verlangten, daß man mitmachte – alle außer Spieroth. Barthels Vater war zwar kein Nazi, aber er verlangte es von seinen Kindern, weil er auf Ordnung und Disziplin hielt. Er meinte, es könne nicht schaden, wenn man ein bißchen rangenommen würde. Die Mutter verlangte es wegen des Vaters. Und wenn man eine Lehrstelle antrat, war es ebenso Bedingung.

Alle waren dafür. Nur die Edelweißpiraten nicht und noch ein paar andere. Kein Wunder, daß das nicht gutging.

Daß es von Anfang an lebensgefährlich gewesen war, was sie machten, selbst die Prügeleien mit der HJ, das hatten sie natürlich nicht gewußt. Deshalb hatte der Vater auch auf Barthels Teilnahme bei der HJ bestanden. Er hatte Angst – Angst, daß ihm irgendwann mal etwas passieren würde.

Erst als sie Spieroth erschlagen hatten, sprach der Vater aus, daß die Nazis Mörder waren. Er hatte es wohl schon früher gewußt, aber unternommen hatte er nichts. Doch in die Partei war er nicht eingetreten.

Als Spieroth im Straßendreck starb, hatte Barthel eine Wut in sich gespürt, die ihn nie mehr verließ. Die Wut war so stark, daß er manchmal selbst erschrak.

Oft überkam sie ihn hoch über den Dächern von Ehrenfeld, wo er lernte, Dachpfannen auszutauschen und all das, was ein Dachdecker können muß.

Denn Barthel war Dachdecker geworden. Trapper oder Förster, daraus war nichts geworden. Das seien Träume, sagten die Erwachsenen, die jeder Junge hat. Und eines Tages hieß es, realistisch zu sein. Aber eigentlich war der Dachdeckerberuf gar keine schlechte Entscheidung gewesen. Später, als er aufs Dach durfte, machte es sogar Spaß. Wenn die Sonne schien, konnte man oben zwischen den Kaminen träumen – zumindest, wenn der Meister nicht in der Nähe war. Und – nicht jeder konnte Dachdecker werden. Man mußte kräftig sein und geschickt und schwindelfrei und mutig.

Manchmal hatte es ihn regelrecht gepackt: Dann war er wie ein Wilder über die Dächer gerast. Aber in letzter Zeit hatte es keinen Spaß mehr gemacht. Es gab immer mehr Ruinen. Man konnte nicht mehr auf den Dächern spazierengehen, nur noch auf angekohlten

Balken und verbogenen Eisenträgern. Da hatte er die Freude an der Lehre verloren und war nur noch selten zur Arbeit gegangen. Ein paarmal hatte er vom Meister Prügel bezogen; er hatte es einfach eingesteckt.

Obwohl es kein Problem für ihn gewesen wäre zurückzuschlagen. Die Schinks waren schließlich eine alte Boxerfamilie. Das waren noch Zeiten gewesen. Auch der Vater hatte früher geboxt, am besten aber seine Onkel. Onkel Dan, zum Beispiel, von dem er damals die 15 Pfennig für die erste Fahrt zum Königsforst bekommen hatte. Onkel Dan war Profi gewesen, Schwergewicht. In den USA hatte er gegen Jupp Besselmann geboxt, vorher hatten sie ihm das Trommelfell zerschlagen. Auch Barthels Bruder Addi hatte großes Talent.

Viele Leute im Viertel fielen auf die Parolen der Nazis herein, je härter der bewaffnete Kampf der Edelweißpiraten wurde, desto mehr Leute hielten sich abseits. Sie übernahmen bereitwillig das Urteil der Nazis, daß die Edelweißpiraten alle Verbrecher seien. Aber es gab auch einige, die nicht so dachten, an die sie sich immer wenden konnten, die sie aufnahmen und beschützten. Für die Nazis waren die ebenfalls Verbrecher, die Edelweißpiraten wußten das. Einmal hatten sie in der Gruppe auch darüber gesprochen, ob sie nicht besser auf den Gebrauch von Waffen verzichten, ob sie sich nicht wie früher nur auf die Verbreitung von sogenannten Feindnachrichten beschränken sollten. Bomben-Hans hatte darauf gesagt, und keiner hatte widersprochen: «Ich sage euch, wenn wir das machen, knallen sie uns ab wie die Hasen. Jeder, der Widerstand leistet, egal wie, ist ihr Todfeind, den machen sie fertig. Wenn wir weitermachen wollen, haben wir keine andere Wahl, als uns zu bewaffnen.»

Die Nazis waren sehr vorsichtig geworden, vor allem bei Dunkelheit. Sie gingen nur noch zu zweit Streife. Sie hatten Angst, die Nazis hatten Angst vor ihnen! Und sie schossen auf jeden, der ihnen verdächtig vorkam.

Alle hatten Bomben-Hans beigepflichtet. Es war alles schon zu weit gediehen. Sie konnten jetzt nicht mehr zurück. Sie hatten nur eine Chance: Wenn sie besser waren als die Nazis. Auch im Schießen.

Deshalb hatte Barthel auch diese Broschüre von der Wehrmacht über die Handhabung von Sprengmitteln auswendig gelernt. Er hatte sich gewundert, daß er alles auf Anhieb behielt. Denn in der Schule war das Auswendiglernen nicht seine Stärke gewesen. Natürlich hatte ihn dort das meiste auch nicht interessiert. Aber über Sprengstoffe mußten sie Bescheid wissen, sonst waren sie verloren. Wenn es um Leben und Tod ging, machte das Pauken plötzlich keine Probleme mehr. Er hatte auch noch nie soviel gelesen wie in der letzten Zeit. Alles, was nicht von den Nazis kam, verschlang er. Viel Zeit blieb ja nicht, aber immerhin. Einige von den Älteren hatten ihn darauf gebracht, daß es wichtig war, mehr zu wissen als andere. Mut haben und Bücherlesen, das widersprach sich nicht.

Schon mehrmals war Barthel unter den Nazis Leuten begegnet, die körperlich stark waren, aber Mut nur dann bewiesen, wenn sie in der Überzahl waren. Bomben-Hans war da ganz anders. Auch in dieser Hinsicht war er Barthels Vorbild. Zu Anfang hatte er ihn richtig nachgeahmt, doch in letzter Zeit nicht mehr so sehr. Warum, wußte er nicht. Irgendwie hatte er es wohl nicht mehr nötig. Ein paarmal hatte Bomben-Hans sogar auf ihn gehört. Darauf war er sehr stolz.

1944

Warnung

«Es wird immer schlimmer», sagte Hans nachdenklich.

Seltsam, dachte Barthel. So kannte er ihn gar nicht, sonst war Bomben-Hans immer so forsch. «Aber wir werden immer mehr», sagte er.

«Das schon, aber trotzdem, die Nazis werden immer brutaler, die schießen uns jetzt ab wie die Fliegen. Besonders jetzt, wo sie wieder einen Anlaß haben. Seit Roland den Ortsgruppenleiter erledigt hat, sind die wie verrückt. Es ist schon gefährlich, tagsüber auf die Straße zu gehen.» Er wendete sich an Roland: «Wo ist die Pistole?»

«Welche?»

«Na die, mit der du den Ortsgruppenleiter ...»

«Balzer hat sie mitgenommen.»

«Und wo ist sie nun?»

Balzer rekelte sich auf seinem Stuhl. «Im Puppenwagen.»

«Wo?» Bomben-Hans glaubte, nicht richtig gehört zu haben. Er guckte Balzer entgeistert an.

«Na, im Puppenwagen von der Else.»

«Ist sie da denn sicher?»

«Hundert Prozent, die spielt ja nicht mehr damit, das Ding steht im Keller.»

«Na gut», meinte Bomben-Hans.

«Ein Schwein weniger», sagte Roland. «Der Kerl hatte mindestens hundert Juden ins KZ gebracht, von den anderen Sauereien ganz zu schweigen.»

«Mit solchen Leuten habe ich auch kein Mitleid mehr», fügte Barthel hinzu.

«Klar, aber jetzt werden sie uns keine Ruhe mehr lassen.»

«Haben sie doch bisher schon nicht. Ich will dir mal was sagen, Hans: Ich weiß, was sie mit dem Fritz de Plaat gemacht haben. Den haben sie in Brauweiler beinahe kaputtgeschlagen. Dabei hat der Fritz überhaupt nichts gemacht, der hatte ja richtig Angst vor einer

Pistole. Als sie ihn gejagt haben, konnte er seine noch in letzter Sekunde in einen Löschteich werfen. Doch sie haben ihn grün und blau geschlagen, zuerst die Gestapo in der Elisenstraße, dann im Gefängnis, in Brauweiler. Und jetzt darfst du mal raten, warum? Weil er ein Edelweißpirat war, weil er ein Edelweiß angeheftet hatte und gerne auf der Gitarre spielte. Der Fritz ist erst vierzehn, überleg dir das mal! Die machen sich schon über Kinder her, nachdem sie erst die Juden erschlagen haben und die Zwangsarbeiter verhungern ließen. Ich hab gesehen, da war ich erst zehn, wie sie den Frisör Spieroth, unseren Nachbarn, einfach erschlagen haben, einfach so, mitten auf der Straße. Vorher hatten sie ihm das Geschäft zertrümmert und die Wohnung demoliert. Niemand hat ihm geholfen ...»
Barthel stockte und schwieg dann.

«Weil die so sind, deshalb», sagte Hans, nun wieder ganz der alte, und zeigte auf den Stadtplan, «deshalb jagen wir jetzt ihr Hauptquartier in die Luft.»

«Das ist'n Wort», meinte Barthel, «dann sind wir ein paar der dicksten Verbrecher los.»

Genau in dem Moment klingelte es – das Warnungssignal von Cilly. Da stimmte etwas nicht.

«Wir müssen weg», drängte Hans. «Kann natürlich auch der Postbote sein mit einem Päckchen für die Ehrenfelder Edelweißpiraten. Was mag wohl da drin sein?»

Während sie zu dem Loch rannten, das in den Nebenkeller führte, schrie Bubes: «Nußschokolade!»

«Nee», keuchte Barthel, «Karamelbonbons mit Kognak drin.»

«Ich bin mehr für Bitterschoko, wir sind doch keine Himbeerbubis, Freunde», japste Müllers Hänschen und schnappte sich, bevor er wie die anderen durch das Loch kletterte, eine Parabellum, küßte sie auf den kalten Lauf und murmelte so laut, daß Barthel vor ihm es noch hören konnte: «Schnuckeliges, kleines Ding, du!»

Barthel drehte sich kurz um und tippte an die Stirn. Während die Edelweißpiraten in Richtung Holzhandlung zum Nippeser Güterbahnhof türmten, legte die Gestapo in der Schönsteinstraße Handschellen an. Die beiden Jüdinnen, Mutter und Tochter, die hier seit ein paar Wochen wohnten, wurden verhaftet.

Das war's also, dachte Cilly, mußte ja so kommen.

Sie hatte gerade den Jungen ein anständiges Essen kochen wollen, irgendwie trieb sie immer noch ein paar Extrasachen auf. Im ersten Augenblick hatte sie angenommen, es würde nicht so schlimm werden. Sie sah nur zwei Kettenhunde. Also Wehrmachtsleute, überlegte sie, suchen wohl mal wieder einen Deserteur. Sie fragten nach einem schwarzhaarigen jungen Mann mit Schnurrbart. Sie dachte sofort an Bomben-Hans. Aber was hatte der mit der Wehrmacht zu tun? Dann fiel ihr ein, daß Roland Lorent eigentlich beinahe genauso aussah, etwas kleiner vielleicht, und der war bei der Wehrmacht abgehauen. Doch bald war ihr klar, daß die Männer nicht von der Wehrmacht, sondern von der Gestapo waren. Und die gaben sich erst recht nicht mit ein paar Auskünften zufrieden, sondern durchsuchten alles gründlich. So traf es die beiden Jüdinnen statt Roland.

1944
Befreiungsversuch

Draußen war es schon unangenehm kalt, der Winter kam früh in diesem Jahr. Bei «Scharrenbroich» war es wie immer behaglich warm. Außerdem kamen hierher selten Nazis. Barthel steuerte auf den Tisch zu, an dem Bubes saß und im «Westdeutschen Beobachter» blätterte. «Über den Bombenangriff letzte Nacht. In Köln steht bald kein Stein mehr auf dem anderen.»

«Da hast du wohl leider recht», sagte Barthel. Dann senkte er die Stimme: «Hör mal, die Gestapo hat alles abgeriegelt, Cilly sitzt in der Falle. Die warten jetzt auf uns. Die denken, wir hätten noch nichts gemerkt.»

Barthel nahm einen Schluck aus Bubes' Bierglas und sah sich um. Von den Leuten hier hatten sie nichts zu befürchten. Selbst wenn immer mehr dabei waren, die sie nicht kannten – Durchreisende, Evakuierte aus dem Grenzraum um Aachen, verwundete Soldaten – aber vor allem waren es Leute aus dem Viertel. Ein Wunder, daß in den Ruinen überhaupt noch jemand lebte.

Opa Walter zum Beispiel. Der würde sich eher in Stücke reißen lassen, als sie verraten. Er war verschüttet gewesen. Seitdem zitterte Opa Walter wie Espenlaub. Seine Hände flatterten, sein Kopf zuckte. Dabei war er noch gar nicht so alt. Vielleicht fünfzig, aber er sah aus wie siebzig. Er hatte eisengraues Haar und erinnerte Barthel auch sonst an «Silberner Bär», den Häuptling der Schwarzfußindianer. Der hatte auch gezittert, als er alt war. Aber die Stammesmitglieder hatten ihn hoch in Ehren gehalten. Barthel und seine Freunde hatten beschlossen, Opa Walter, der wieder ins Leben zurückgekehrt war, in Ehren zu halten und nicht zu lachen, wenn er sich abmühte, das Bierglas zum Mund zu führen, und dabei die Hälfte verschüttete.

Es war in einer der letzten Bombennächte passiert, als die «Fliegenden Festungen» der Amerikaner wieder in Riesenschwärmen anrückten. Opa Walter war zwar im Luftschutzkeller, genau nach Vorschrift. Aber das hatte nichts mehr genützt. Das Haus war schon bei den vorhergehenden Luftangriffen so beschädigt worden, daß es diesmal zusammenbrach. Auch die Nebenhäuser wurden vollständig zerstört. Es war Zufall, daß die Jungen gerade zu der Zeit am Ehrenfeldgürtel waren. Sie fingen an zu graben und den Schutt wegzuräumen, weil sie Stimmen hörten. Es klang, als heule ein Wolf oder ein Schakal oder so etwas Ähnliches. Unten im Keller war ein Brand ausgebrochen.

Die eingeschlossenen Leute waren nicht mehr zu retten. Aber Opa Walter war durch ein Stück Betondecke so eingekeilt worden, daß das Feuer nicht an ihn heran konnte. Als sie es endlich geschafft hatten, ihn zu befreien, hatte er die Sprache verloren. Ein Arzt stellte später einen Schock fest. Jetzt konnte der Alte schon wieder ganz gut sprechen, noch ein bißchen zittrig, aber immerhin. Er konnte klar und deutlich sein Bier bestellen. Nur das Zittern, das war geblieben.

Im Hintergrund drehte der Wirt am Volksempfänger: «Das Oberkommando der Wehrmacht gibt bekannt: Der starke Druck der 1. kanadischen Armee bei Antwerpen und an der belgisch-holländischen Grenze bei Turnhout dauert an. Schwere Kämpfe sind hier im Gange. Nördlich Nimwegen und an der Maas führten die Engländer und Nordamerikaner heftige, für sie verlustreiche Angriffe, die jedoch gegen den zähen Widerstand und die wuchtigen Gegenstöße unserer Grenadiere und Panzer nicht durchdrangen. Nur an der deutsch-holländischen Grenze südlich Geilenkirchen konnte eine neu herangeführte amerikanische Division nach schweren hin und her wogenden Kämpfen einen örtlich begrenzten Einbruch in unsere Stellungen erzielen ...»

Während der Wehrmachtsbericht durch den Raum dröhnte, stieß Bubes Barthel an. «Du, der Hans meint, wir sollen uns heute abend treffen.»

«Wo?»

«Bei Addi am Fröbelplatz.»

«Kann mir schon denken, worum es geht», sinnierte Barthel, «der Hans will die Cilly befreien, auf geht's!»

Nachdem sie bei Addi Schütz noch drei andere Jungen getroffen hatten, holten sie Büb ab. Gegen 19 Uhr 30 trafen sie am Blücher-Park mit den übrigen zusammen. Roland Lorent war auch dabei. Er hatte einen Mercedes mitgebracht, Hans einen DKW.

Köln-Ehrenfeld nach dem Bombenangriff

«Hört mal», sagte Hans, «nun geht es los: Die Nazis sind bald am Ende. Die Amis stehen nicht mehr weit von Köln. Wir müssen jetzt einfach mal etwas mehr wagen, damit der ganze Mist schneller vorbei ist. Aber Vorsicht, was die Nazis mit uns machen, wenn sie uns mit Waffen erwischen, ist wohl klar.»

«Ohne Waffen schlagen sie uns auch zu Brei, das wissen wir doch inzwischen», meinte Barthel.

Bomben-Hans erläuterte den Plan: «Also, unser Hauptplan mit der Elisenstraße steht immer noch. Aber erst müssen wir jetzt die Cilly rausholen, sonst machen sie die kaputt. Also: der Mercedes fährt voraus, dahinter der DKW, Roland hält vor der Schönsteinstraße 7 an und gibt einen Schuß ab. Das ist das Zeichen, die Wohnung zu stürmen. Und noch eins: Mitleid können wir uns nicht leisten. Wenn wir sie nicht erledigen, erledigen sie uns.»

Wenig später schlugen die Autotüren zu. Barthel saß hinten im DKW. Langsam setzten sich die Wagen in Bewegung. Liebigstraße, Subbelrather Straße, Richtung Innenstadt. Rechts und links befanden sich riesige Schutthalden, die Reste ganzer Wohnviertel. Zwischen dem Mercedes und ihrem Wagen lagen etwa 50 Meter. Vorn fielen zwei Gewehrschüsse. Es war schon dunkel, und Barthel konnte nicht erkennen, was los war. Jedenfalls fuhr der Mercedes vor ihnen weiter. Roland bog jetzt in die Geisselstraße ein. Bei Paul, dem russischen Zwangsarbeiter, machten sie halt. Paul hatte versprochen, ihnen Benzin zu besorgen. Aber wie sich herausstellte, hatte er keins. Nun fummelte er am linken Vorderrad des Mercedes herum. Schließlich, Barthel erschien die Zeit endlos, ging es doch weiter. Nochmals ein kurzer Halt irgendwo. Roland kam zum DKW, und Hans gab ihm durch das geöffnete Wagenfenster weitere Instruktionen: Er sollte den Posten vor der Tür der Schönsteinstraße 7 erledigen. Der Schuß sollte gleichzeitig das Signal sein, die Wohnung zu stürmen. Roland stieg wieder ein. Diesmal hatten sie mehr Tempo drauf, ungefähr vierzig oder fünfzig Stundenkilometer. Das war bei den Straßenverhältnissen schon viel. Der Mercedes schlingerte rechts in die Schönsteinstraße hinein. Auch Hans verminderte das Tempo nicht, der DKW sauste hinterher.

«Achtung!» brüllte Barthel.

Schüsse fielen. Der Mercedes hielt nicht wie vereinbart vor dem Haus Nr. 7, erst ein Stück weiter blieb er plötzlich stehen. Hans trat

auf die Bremse, doch er brachte den Wagen nicht mehr zum Stehen, sie fuhren auf den Mercedes auf. Wie ein Verrückter fluchend drehte Hans am Zündschlüssel, der Motor war abgewürgt. Dann schoß auch er. Plötzlich ruckte der Mercedes mit Roland und den anderen an. Wieder knallte ein Schuß. Hans drehte von neuem am Zündschlüssel. Dann sahen sie mindestens drei Uniformierte und mehrere Zivilisten auf ihren Wagen zurennen.

«Los raus, macht, daß ihr wegkommt», zischte Hans. Barthel sprang seinem Vordermann nach aus dem DKW, rannte zu dem schon anrollenden Mercedes und schwang sich im Laufen ins Auto. Als er zurückblickte, sah er, daß Hans den DKW in letzter Sekunde wieder in Gang kriegte. Bubes war bei ihm geblieben.

Tief in der Nacht trafen sie sich in der Gartenlaube am Blücher-Park. Hans und zwei andere Jungen hatten nach ihrer Flucht Lebensmittel besorgt. Auf dem Petroleumkocher bruzzelte eine Pfanne Bratkartoffeln mit Speck.

1944
Zukunftspläne

Roland drehte am Radio und suchte BBC. Er hatte die Lautstärke so eingestellt, daß man den Ton gerade noch verstehen konnte.

«... als die Stadt sturmreif war, kämpfte sich die amerikanische Infanterie durch die Straßen von Aachen und erzwang mit gefälltem Bajonett die Übergabe der Stadt.

Die Verluste waren verhältnismäßig gering, auf amerikanischer Seite kaum nennenswert. Auf deutscher Seite waren sie erheblich schwerer, aber auch gering im Verhältnis zur Gesamtzahl der in Aachen eingesetzten deutschen Truppen. Mehr als 10 000 Mann konnten gefangengenommen werden. Aber der Sachschaden in der Stadt ist gewaltig. Die Stadt Aachen existiert nicht mehr.

Das ist der Preis für ein Hinauszögern des Krieges um zehn Tage. Niemand wird sagen können, daß diese zehn Tage die Entscheidung des Krieges in irgendeiner Weise beeinflußt haben. Gewiß, sie wurden benutzt, um in aller Eile weiter östlich Schanzwerke zu errichten. Aber hastig aufgeworfene Schanzwerke können keine Armee aufhalten, die bereits den Westwall durchstoßen hat. Strategisch hatten also diese zehn Tage keine Bedeutung. Sie waren nichts als eine Gnadenfrist für das Nazi-Regime. So werden es die Nazis überall treiben, wenn man es zuläßt ... überall in Deutschland ...»

«Sehr richtig, och in Kölle», sagte Barthel.

«Halt die Schnauze», brüllte Roland.

«Sie werden sich neue Gnadenfristen für ihr Leben und ihre Macht erkaufen ... und der Kaufpreis werden deutsche Städte sein, deutsche Fabriken, deutsche Werkstätten, das ganze Volksvermögen Deutschlands. Und am Ende werden sie es dem deutschen Volk überlassen, aus nichts aufzubauen – und mit nichts.

Die Bevölkerung von Aachen wollte kapitulieren. Sie wollte wenigstens etwas von ihrer Stadt retten. Auch der Kommandant von Aachen, Graf Krosigk, wollte kapitulieren. Er wußte, Aachen war nicht zu halten. Er wurde prompt abgesetzt. Seinen Platz übernahm schließlich ein Parteioffizier. Er war bereit, die Stadt in den Untergang zu führen.

Wird sich dasselbe überall in Deutschland ereignen? Oder werden das deutsche Volk und die deutschen Soldaten einsehen, daß ein Befehl, der zur totalen Zerstörung der deutschen Heimat führt, ein landesverräterischer Befehl ist, dem jeder Soldat zuwiderhandeln muß.

Sie hörten eine Sendung von BBC London, Berichterstatter war Lindley Fraser.»

«Das war's mal wieder», sagte Roland. «Jetzt sind sie bald hier, unsere Chancen werden immer größer.»

«Langsam, Freunde. Ich glaube, wir dürfen uns erst mal nicht mehr in Ehrenfeld sehen lassen», meinte Hans. «Wir müssen die Nerven behalten. Das Wichtigste ist, daß wir genügend zu essen organisieren und uns keiner auf die Spur kommt.»

«Hier findet uns bestimmt keiner», sagte Barthel und schob sich einen Löffel Kartoffeln in den Mund. Dann ging er zu dem kleinen Fenster der Gartenlaube, zog die davorhängende Decke ein wenig beiseite, blickte hinaus. Es war jetzt ganz klar draußen. In Richtung Militärring kreuzten sich ein paar Flakscheinwerfer. Im Augenblick war alles ruhig. Aber selbst wenn die Bomber kamen, die Terrorbomber, wie die Nazis sagten, hier waren sie ziemlich sicher. Von oben müßte das Gelände wie Wald und Wiesen aussehen.

«Was bloß mit der Cilly wird?» sagte Hans leise. «Die haben sie jetzt sicher abgeholt. Was meinst du, Barthel, ob wir sie noch mal wiedersehen?»

«Klar, Hans, ganz bestimmt, die Nazis machen es nicht mehr lange, hast du selbst gesagt. Und die Cilly ist schlau, die wird denen was vormachen, die redet sich raus.»

«Meinst du?»

«Ganz sicher.»

«Hör mal, Bartholomäus Schink», schnarrte Roland von der Holzpritsche her. «Ich hab mal 'ne Aufgabe für dich.»

Irgendwie machte es Barthel wütend, wenn der andere seinen Namen so penetrant aussprach. Roland faßte unter die Pritsche und holte eine Klampfe hervor. Barthel staunte. Wo der die wohl herhatte? Er war doch gar kein Edelweißpirat. Na, egal.

«Leg mal los», dröhnte Roland und strich sich über den schwarzen Schnurrbart. «Mal hören, ob ihr bei den Edelweißpiraten auch so gut seid wie wir bei den Falken.»

«Bestimmt noch viel besser», sagte Barthel. «Also ich singe euch jetzt mal das Lied vom Westwall. Das singen die da beim Schanzen, wenn das Wachpersonal mal nicht in der Nähe ist. Es ist so eine Art Nationalhymne, das Lied von denen, die die Schnauze voll haben – vom Kriegspielen, vom Einbuddeln und vom Sterben. Wenn ihr wollt, können wir's ja nachher noch mal zusammen singen.» Er griff hart in die Saiten:

«Wir traben in die Weite
der Spaten steht im Spind
der Westwall, der geht pleite
wenn wir entlaufen sind
und fragen uns die Leute
warum geht ihr nach Haus
dann schreit die ganze Meute
hier hält's kein Schwein mehr aus ...»

Barthel klimperte noch ein paar Akkorde und legte dann plötzlich das Instrument zur Seite. Keiner sagte etwas. Ob es den anderen auch so geht? dachte Barthel. Manchmal konnte er das heulende Elend kriegen. Auch jetzt wieder. In solchen Augenblicken dachte er an die Pläne, die sie früher am Lagerfeuer geschmiedet hatten. Große Reisen wollten sie machen. Nicht nur für 15 Pfennig zum Königsforst oder nach Oberkassel. Sie hatten an Hawaii gedacht oder an Samoa, mindestens aber an San Francisco oder an New Orleans, wo die Neger Jazzmusik machten. Er hätte das bestimmt geschafft. Bubes und er hätten zusammen als Schiffsjungen anheuern können und dann – goodbye Johnny – wären sie in See gestochen. Später, nach ein paar Jahren, wären sie vielleicht mal wieder in Ehrenfeld vorbeigekommen. Und wenn sie erst mal drüben gewesen wären, hätten sie es ja auch nicht mehr weit bis zum Wilden Westen gehabt. Vielleicht hätte er sich dort Oklahoma-Barthel nennen müssen oder «Bloody Bart». Bubes hätte wohl keinen neuen Namen gebraucht, höchstens vielleicht eine Art Kampfnamen: «The Bubes». Jedenfalls, das wußten sie, drüben war alles riesig, die Berge, die Wälder, die Prärien, die Büffel, alles war riesig. Auch die Fleischbrocken, die sie sich da am Feuer brieten. Die Nazis hatten ihnen das alles kaputtgemacht. Er, Barthel, konnte sich jedenfalls etwas Besseres vorstellen, als mit der Pistole gegen die braunen Verbrecher zu kämpfen.

Aber, es könnte ja sein, vielleicht war ja demnächst hier alles vorbei und dann...? Ja, das war eben die Frage. Würden sie dann nach Hawaii fahren können? Es wäre schon die beste Lösung, denn wie das Leben in Köln aussehen würde, selbst wenn die Nazis einmal ausgespielt hatten, wer wußte das schon...

Einer aus ihrer Gruppe hatte mal vom Sozialismus erzählt, nach dem Krieg würde ein sozialistisches Deutschland kommen, hatte er gesagt. Aber Barthel konnte sich nicht viel darunter vorstellen. Und erst mal war ja sowieso alles hinüber. Auch Bomben-Hans sagte immer, er hätte von den Parteien die Schnauze voll. Die Leute sollten lieber selbst alles in die Hand nehmen, dann würde am wenigsten Mist passieren. Das klang ganz gut, dachte Barthel, er fand das eigentlich ziemlich vernünftig.

Trotzdem – er hatte überhaupt keine Vorstellung, was kommen würde. Nur eins war für ihn klar: Wenn es mit den Nazis vorbei war, würde er mit den anderen zum Märchensee aufbrechen und dort ein Feuer entzünden, und das Edelweiß würde er offen an der Jacke tragen. Und mehr noch: Er würde öffentlich eine ehemalige Zwangsarbeiterin küssen, Wanja. Barthel hatte keine Ahnung, wo sie jetzt war. Aber Wanja würde kommen, und sie würden alle gemeinsam singen, so laut und triumphierend, wie sie nur konnten...

Die Festnahmen

Die Gestapo und das Sonderkommando Kütter
konnten in den Tagen nach dem 1.Oktober 1944
folgende Erfolgsmeldungen an ihre vorge-
setzte Dienstbehörde, insbesondere den
Gestapo-Chef von Köln, geben:
Günter Schwarz, genannt "Büb", Halbjude,
Edelweißpirat, wurde zu Hause, in der
Platenstraße, festgenommen.
Hans Müller, genannt "Hänschen", Edelweißpirat, wurde ebenfalls zu Hause, in der
Leyendeckerstraße, gefaßt.
Auch Hans Balzer trafen sie zu Hause an, in
der Piusstraße. Doch Balzer schöpfte
Verdacht. Während die Gestapo die Tür ein-
drückte, seine Mutter gegen die Wand
schleuderte und alles von unterst zu oberst
kehrte, gelang ihm die Flucht durch den
Keller und über benachbarte Hinterhöfe.
Ein ganzes Stück von dem Haus in der Piusstraße entfernt, kroch er aus einem Keller
ans Tageslicht. Im gleichen Augenblick traf
ihn eine Kugel in den Kopf. Die Gestapo hatte
das ganze Viertel abgeriegelt. Hans Balzers
Familie, Mutter, Vater, Schwestern, wurden
verhaftet und ins Sondergefängnis Brauweiler gebracht. Die jüngste Schwester kam
ins Waisenhaus.

Hans Steinbrück, genannt "Bomben-Hans", Träger des roten KZ-Winkels, hatte vor, in der Rolle eines unabkömmlichen Arbeiters der Gestapo zu entkommen. Zu diesem Zweck wollte er sich bei der Autofirma Fleischhauer einen "Blaumann" besorgen. Doch er wurde ertappt. Ein Wachmann schoß und traf ihn ins Bein. Hans Steinbrück schoß zurück und traf den Wachmann tödlich.
Mit Mühe gelang es ihm, sich zunächst in Sicherheit zu bringen. Der Großvater von Büb und Wolfgang Schwarz kannte einen Arzt, der seine Approbation verloren hatte, weil er einem jungen Mädchen mit einer Abtreibung geholfen hatte. Sie brachten Hans Steinbrück zu ihm in die Hansemannstraße. Kurze Zeit später war die Gestapo da. Noch einmal hob Hans Steinbrück die Pistole. Aber er hatte keine Chance mehr.

Insgesamt nahm die Gestapo in diesen Stunden mindestens 60 Personen fest, zumeist Jugendliche.
Vermutlich in der Gegend des Blücherparks oder in der Gartenlaube von Roland Lorent wurden die anderen Mitglieder der Ehrenfelder Gruppe festgenommen:
Bartholomäus Schink, 16 Jahre, Edelweißpirat, Dachdeckerlehrling.

Franz, "Bubes", Rheinberger, 17 Jahre,
Edelweißpirat, Arbeiter.
Gustav Bermel, 17 Jahre, Edelweißpirat,
kaufmännischer Lehrling.
Adolf, "Addi", Schütz, 18 Jahre, Edelweißpirat.
Roland Lorent, 24 Jahre, Maschinen-
schlosser, ehemaliges Mitglied der Falken,
von der Wehrmacht desertiert.

Darüber hinaus wurden mindestens fünf
weitere ältere Gruppenmitglieder verhaftet.
Unter ihnen:
Johann K., 57 Jahre, Spediteur.
Wilhelm K., 42 Jahre, angeblich Krimineller.
Er hatte zwei Vorstrafen: 1920 war er als
Achtzehnjähriger wegen Diebstahls und
Urkundenfälschung verurteilt worden. 1939
wurde er noch einmal wegen "fahrlässiger
Transportgefährdung und Verkehrsübertretung"
verurteilt. Die Hintergründe beider Ver-
urteilungen sind unbekannt.
Heinrich K., 38 Jahre, Schneider, vermutlich
Mitglied der illegalen Kommunistischen
Partei.
Peter H., 31 Jahre, Former.
H. war erst in der letzten Zeit zur Gruppe
gestoßen. Er galt als Theoretiker und Ver-
bindungsmann. Vermutlich war er Mitglied
des früheren Kommunistischen Jugendverbandes.

H. war seit Beginn der Naziherrschaft,
1933, zu verschiedenen Vorstrafen verurteilt worden, u.a. wegen unerlaubten
Waffenbesitzes, versuchten schweren Diebstahls und Teilnahme an politischen Ver-
anstaltungen. Von H. wußte man, daß er sich
theoretisch mit dem Faschismus beschäftigte.
Er galt als Anhänger Nietzsches. H. wurde
1942 arbeitsdienstverpflichtet, flüchtete
und tauchte unter. Er wurde auf der Flucht
angeschossen, konnte erneut flüchten und kam
dann zur Ehrenfelder Gruppe. Er war haupt-
sächlich mit der Organisierung der Hilfe für
notleidende Ostarbeiter beauftragt.
Josef M., 41 Jahre, Kraftfahrer, mehrfach
vorbestraft, galt als Einbruch-Profi.

Erkennungsmarken für Ostarbeiter

Die Nazis griffen jetzt nicht nur gegen die Edelweißpiraten hart durch. In Köln-Ehrenfeld wurden am 25. Oktober 1944 erstmals Menschen öffentlich erhängt. An der Ecke Hüttenstraße/Schönsteinstraße starben elf Zwangsarbeiter aus Osteuropa am Galgen. Zwei Wochen später, am 10. November 1944, veröffentlichte der "Westdeutsche Beobachter" den folgenden Artikel:
<u>Erkennungsmarken für Ostarbeiter –</u>
<u>Umgang mit Ausländern –</u>
<u>Von der falschen Gutmütigkeit.</u>
Die grauenvolle Verwüstung Kölns hat naturgemäß die Organisation, die dem Einsatz und der Betreuung der ausländischen Arbeiter dient, stark in Mitleidenschaft gezogen. Betriebe, die fremdländische Arbeitskräfte beschäftigen, und ihre Unterkunftsräume wurden vielfach zerstört. Wir können mit Befriedigung feststellen, daß die Haltung der Ausländer in diesen kritischen Wochen durchweg einwandfrei gewesen ist. Von vielen Betrieben wird berichtet, daß Holländer, Wallonen, Flamen, Franzosen, Italiener und Arbeiter und Arbeiterinnen aus dem Osten sich vorbildlich beim Löschen und Bergen und bei den

Die erhängten Zwangsarbeiter

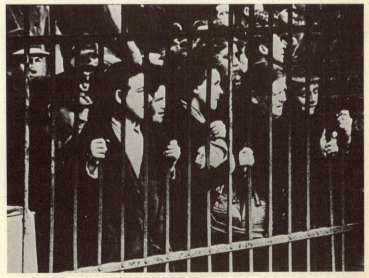

Zeugen der Hinrichtung

Rettungsarbeiten einsetzen, vielfach ohne
Rücksichtnahme auf das eigene Leben. In
diesem Handeln demonstriert sich neben dem
Geist europäischer Solidarität die Dank-
barkeit dem Gastland gegenüber, das diesen
Männern und Frauen im sechsten Kriegsjahr
eine Lebenshaltung sichert, die sie in
eigener Heimat nicht finden konnten und
finden können.
Naturgemäß gibt es unter den Ausländern,
insbesondere unter den Ostarbeitern,
Elemente, die die Zeitumstände ausnutzen,
um zu plündern, zu stehlen oder um sich vor
der Arbeit zu drücken. Eine verschärfte
Kontrolle ist deshalb vonnöten. Die übliche
Geldstrafe, die man über Ausländer verhängt,
wenn sie ohne Ausweis angetroffen werden,
vermag die verbrecherischen Elemente und die
notorischen Faulenzer nicht abzuschrecken.
Hinzu kommt die Tatsache, daß manchem
Ausländer die Ausweise verbrannten oder
verlorengingen, zumindet geben viele das
an, wenn sie kontrolliert werden.
Es ist deshalb zu begrüßen, daß durch die
Initiative der Partei die zuständigen
Behörden Erkennungsmarken für Ostarbeiter
ausgeben, in welche der zuständige Kreis
und eine Kontrollnummer eingestanzt wird,
so daß sich eine Kontrolle jederzeit und

aller Orts leicht durchführen läßt.
Verstöße gegen diese Anordnung erfahren
eine sehr strenge Ahndung...
Wir wollen uns nicht immer wieder von
unserem guten deutschen Herzen bestechen
lassen. Das kann strafbare Dummheit und
nationale Unverantwortlichkeit bedeuten.
Ein Beispiel: In einem Kreis nahe Köln
hielt in diesen Tagen ein Volkssturmmann
einen Ostarbeiter an, der mit einem Sack
auf der Schulter durch ein Dorf kam. Der
Ostarbeiter konnte sich nicht ausweisen.
Als der Volkssturmmann den Sack, der mit
Obst gefüllt war, sicherstellen und den
Arbeiter zum Bürgermeisteramt führen wollte,
mischte sich eine Bäuerin ein und wollte den
Volkssturmmann veranlassen, den Arbeiter
laufen zu lassen. Sie meinte in tölpel-
hafter Gutmütigkeit, daß es doch ein armer
Teufel und schließlich auch ein Mensch sei,
den man als Christ behandeln müßte, und man
könne doch wohl auch nichts dagegen haben,
daß sich diese Leute in den Dörfern Obst
und Kartoffeln holen. Wir bedauern nur, daß
der Volkssturmmann sie nicht gleich mit zum
Bürgermeisteramt genommen hat, um ein
Exempel zu statuieren. Und wir möchten hier
dem Verdacht Raum geben, daß eben dieselbe
Bäuerin gegenüber deutschen Volksgenossen

nicht so viel Rücksicht genommen hätte.
Unsere Zeit wird von härtesten Gesetzen
bestimmt. Diesen haben sich auch
selbstverständlich die Ausländer zu
beugen."

1944
Die Nachricht

Schäng tauchte langsam die Riemen ins Wasser. Kahnfahren machte Spaß. Dreimal um den Aachener Weiher herum hatten er und Fän schon geschafft. Eine richtige Erholung nach der Paukerei in der Schule. Manchmal hatte die Schule allerdings auch ihr Gutes. Wie gestern. Da hatten sie einem Lehrer, so einem richtigen Obernazi, die Scheiben eingeworfen. Das hatte um den Manderscheider Platz herum ganz schön gescheppert. Bombenlärm war fast nichts dagegen. Die Fensterkreuze waren gleich mit zu Bruch gegangen. Der Hund hat uns wirklich genug gepiesackt, dachte Schäng.

Kahnfahren machte Spaß, aber jetzt reichte es ihm. «Fän, komm, wir machen Schluß», sagte er.

Schäng hielt auf das Ufer zu, wo der Rest ihrer Gruppe im Gras lag. «Auf geht's.»

Sie machten sich auf den Weg zum Treffpunkt an der Sülzburger-Münstereifeler Straße. Plötzlich hörten sie es, das typische Geräusch, wenn HJ oder Jungvolk anrückte. Mindestens zehn Pimpfe kamen anmarschiert. Als sie auf gleicher Höhe mit ihnen waren, fingen sie an zu pöbeln. «Na, ihr Banditen, ihr Drückeberger! Deutschland ist im Endkampf, und ihr feigen Säue fahrt Bötchen auf dem Weiher.»

So ging das eine ganze Weile. Schließlich drehte sich Rolf, einer aus ihrer Gruppe, um und trat mit voller Wucht gegen ein Fahrrad der Pimpfe. Der Junge, dem es gehörte, jammerte wie ein Kleinkind. Schäng, Fän und Rolf warteten ab. Die anderen waren in der Überzahl. Aber Rolf war Boxer, und das sah man ihm an. Wahrscheinlich gab es den Ausschlag: Die Pimpfe drehten um und verzogen sich. Schäng hatte sich schon vorsorglich die Gitarre von Rolf umgehängt, denn er, Schäng, konnte am besten rennen. Die Langstrecke war sein Spezialgebiet. Wer Schäng auf den ersten hundert Metern nicht erwischt, der erwischt ihn nie mehr, hieß es.

«He ihr, kommt doch mal her.» Der Mann in der Zeitungsbude an der Straßenecke rief sie an, als sie schon fast an ihm vorbei waren.

«Ich will euch mal was vorlesen, wovon ihr viel lernen könnt», meinte er scheinheilig.

Sie sahen sich an. Sollten sie hingehen? Vielleicht war es ratsam. Remmler war ein Denunziant, jeder in der Gegend wußte das. Und sie hatte er besonders im Auge, seit damals, vor ein paar Monaten, als die Sache mit seiner Zeitungsbude passiert war.

Eines Nachts hatten sie eine starke Kette um Remmlers Zeitungsbude gelegt und sie an einem Wagen der Straßenbahnlinie 13, die daran vorbeifuhr, fest verankert. Aus einem sicheren Versteck hatten sie dann beobachtet, wie die Bude hinter der Straßenbahn hergehüpft war und wie sich die Naziblätter gleichmäßig über die Straße verteilt hatten.

Niemand hatte ihnen etwas beweisen können. Aber für Remmler war es klar, daß sie dahintergesteckt hatten. Seitdem war er immer ganz blaß geworden, wenn sie an seiner Bude vorbeigingen – nicht etwa vor Angst, sondern vor Wut. Denn die ganze Nachbarschaft hatte sich wegen der Sache mehrere Tage köstlich amüsiert. Diesem Remmler gönnte man es. Er hatte nicht wenige Leute, die hier im Umkreis wohnten, auf dem Gewissen. Zum Beispiel den alten KPD-Funktionär, der auf seinen Hinweis hin von der SA auf offener Straße erschossen wurde.

«Ihr könnt ruhig kommen, ich tu euch nichts», sagte Remmler jetzt.

«Kommt, wir gehen hin», meinte Rolf.

«Mal sehen, was er will. Können uns ja immer noch aus dem Staub machen», stimmte Schäng zu.

«Setzt euch hin, da auf die Bank, ich komme raus, ich bin sicher, das interessiert euch.»

Remmler öffnete die Tür und pflanzte sich vor ihnen auf.

«Also Jungens», er faltete eine Zeitung auseinander, «die Überschrift heißt: ‹Ein Exempel statuiert› – darunter: ‹Verbrechertum wird mit Stumpf und Stiel ausgerottet.›»

«Ja, Herr Remmler, das muß sein, der Meinung sind wir auch. Da müssen wir Ihnen recht geben», meinte Fän treuherzig.

«Hört doch einmal weiter, ihr werdet sehen... Also: ‹Es hat die Kölner Bevölkerung mit Genugtuung erfüllt, daß es der Polizei in den letzten Wochen gelungen ist, eine Anzahl von Verbrechern dingfest zu machen und daß mit diesem lichtscheuen Gesindel kurzer Prozeß gemacht worden ist. Es handelte sich um Berufsverbrecher und entsprungene Zuchthäusler, die glaubten, die Wirren, die der feindliche Luftterror über die Gauhauptstadt gebracht hat, zum Plündern und Stehlen ausnutzen zu können. Die Burschen scheuten vor keiner Gewalttat zurück...›» Remmler hob die Stimme und schmetterte: «‹Aber die Kölner Polizei zeigte mit schlagartigem Zugriff, daß sie auch in den Schrecken und Wirrnissen der Luftangriffe voll und ganz Herr der Lage ist, so daß auch nur der Versuch, stärker in Erscheinung zu treten, im Keime erstickt wurde. Die schnelle und rücksichtslose Justiz entspricht durchaus dem Volksempfinden und dem Volkswillen. Wer sich am Leben und Eigentum eines deutschen Volksgenossen in diesen Zeiten, die so hohe Opfer von jedem einzelnen fordern, versündigt, gehört auf dem kürzesten Wege an den Galgen.› Na, was sagt ihr jetzt?»

«Na und», meinte Rolf, «es ist eben viel Gesindel unterwegs.»

«Genau», sagte Remmler, «und die Ehrenfelder, eure lieben Freunde, sind auch dabei, der Bubes Rheinberger, der Büb Schwarz und dieser Bartholomäus. Steht auch in der Zeitung. Tja, so geht das, wenn aus frechen Gören langsam, aber sicher Schwerverbrecher werden.»

Sie waren wie gelähmt vor Schreck und versuchten krampfhaft, sich nichts anmerken zu lassen.

«Kommt, wir gehen», sagte Schäng leise.

Remmler hatte es trotzdem gehört. «Ihr wollt schon gehen?» rief er hinter ihnen her.

1944
Schäng wird gefaßt

Einige Tage später war Schäng auf der Suche nach Fän. Er stieß die offenstehende Wohnungstür auf und rief: «Fän?» Verflixt, wo ist der Kerl denn, dachte er.

Im selben Moment tauchte ein riesiger Mann vor ihm auf, packte ihn, zog ihn in die Wohnung und brüllte: «Wo ist Ferdi?»

Schäng schluckte und stieß dann heraus: «Das weiß ich nicht.»

Da krachte die Faust des Kerls mitten in sein Gesicht. Es knackte ein wenig, und Schäng schoß Blut aus der Nase. Mit voller Wucht stürzte er in den alten Küchenschrank mit der Bleiverglasung. Der andere holte ihn aus dem Schrank, und er durfte sich auf das Sofa setzen. Eineinhalb Stunden lang wiederholte der Gestapomann dieselbe Frage. Aber Schäng wußte ja wirklich nicht, wo Fän war.

Dann kamen drei weitere Gestapoleute. «Mitkommen», befahlen sie kurz.

Schäng mußte vor ihnen hergehen, die Daunerstraße entlang zum Manderscheider Platz. Die vier hinter ihm marschierten mit gezogener Pistole. Er wußte, wenn er jetzt eine unvorsichtige Bewegung machte, dann würden sie sofort schießen.

Es ging ins Gestapohauptquartier Elisenstraße. Dort fand Schäng schon einige Edelweißpiraten vor. In einem alten Opel P4 brachten sie ihn und die anderen schließlich ins Gefängnis Brauweiler.

Niemand hatte Schäng bisher gesagt, was er eigentlich verbrochen haben sollte. Ob es vielleicht doch um die Sache mit der Zeitungsbude ging? Im Vernehmungszimmer sah er jemand am Waschbecken stehen. Er mußte zweimal hingucken, bis er ihn erkannte: Es war Rolf, das Gesicht voller Blut. Er flüsterte Schäng zu: «Mensch, die machen uns alle fertig...» Dann wurde Schäng in eine Zelle gebracht. Zu essen bekam er nichts, nur am nächsten Morgen etwas Wasser. Am Nachmittag begann plötzlich ein irrsinniger Krach. Irgend jemand donnerte wie verrückt gegen die Zellentür. Vielleicht drei, vier Zellen weiter.

«Ich will raus. Ich will raus!» brüllte ein Mann.

Zellentür im EL-DE-Haus,
ehemaliges Gestapohauptquartier in der Elisenstraße

Stiefeltritte kamen den Gang entlang. Schlüssel klirrten. Jemand sagte kühl und knapp: «Na, geh schon.» Zuerst war Stille. Dann fiel ein Schuß. Wieder Stille. Und dann Geräusche, wie wenn etwas über den Boden geschleift wird. Ein Mädchen kicherte.

Fän, der inzwischen auch in Brauweiler gelandet war und direkt in der Nebenzelle gesessen hatte, erzählte Schäng später, was geschehen war. Der Mann hatte plötzlich doch nicht mehr aus seiner Zelle herausgewollt. Da hatte der SS-Mann ihn herausgezerrt und einfach erschossen.

«Da war 'ne Tippse dabei», erzählte Fän noch, «die hat gesagt: ‹Der ist doch noch gar nicht tot. Gib ihm doch den Gnadenschuß.› Der Gestapo-Mann hat nur geantwortet: ‹Ich hab keinen Schuß mehr drin.›»

1944
Edelweißpiraten sind treu

Barthel Schink kam langsam zu sich. Langsam kehrte die Erinnerung zurück. Keiner von ihnen hatte im Traum mit der Festnahme gerechnet. Sie hatten sich in der Laube so sicher gefühlt. Und plötzlich war die Gestapo da gewesen. Sie hatten keine Chance mehr gehabt. Bubes hatte noch versucht, an seine Pistole zu kommen. Aber die hatten aufgepaßt. Sie waren in den Polizeiwagen geprügelt worden.

Von dem Zeitpunkt an wußte Barthel nicht mehr viel. Eine Stunde hatten sie auf ihn eingeprügelt. Kein Wort war dabei gesprochen worden. Sie hatten nur geprügelt. Dann wurden sie alle die Treppe hinuntergestoßen. Da hatte er wieder das Bewußtsein verloren.

«Sie haben keine Gnade», murmelte Barthel vor sich hin. Er lauschte, hielt den Atem an. Wie aus weiter Ferne hörte er ein leises Summen – die Melodie «Ich möchte ein Diwanpüppchen, süß und reizend wie du ...» Das war Hans. Der war also auch hier unten, im Gestapokeller, wo sie schon so viele umgebracht hatten.

Früher waren sie öfter hier in der Gegend gewesen. Hier, um den Appellhofplatz herum, gab es auch eine Edelweißpiraten-Gruppe. Einige der Leute, die hier wohnten, hatten eine Zeitlang den Hof des Gestapohauptquartiers einsehen können. Sie hatten erzählt, daß die Nazis manchmal drei oder vier Menschen täglich am Galgen aufhängten, einfach so, ohne Gerichtsverfahren, ohne Urteil. Die Anwohner hatten auch Schüsse gehört – da wurden Festgenommene einfach erschossen.

Barthel drehte sich auf die Seite und blickte gegen die Zellenwand. Undeutlich, teils verwaschen, manchmal aber auch gestochen scharf standen da Inschriften, Zahlen und Daten der Menschen, die sie vor ihm hier eingesperrt hatten. Wo die wohl geblieben waren? Langsam begann Barthel eine der Inschriften zu entziffern. Das dauerte. Schließlich hatte er es zusammen: «Wenn keiner an dich denkt. Deine Mutter denkt an dich.»

Er konnte es nicht verhindern, ihm schossen die Tränen in die

Augen. Er fuhr mit dem Ärmel über das Gesicht. Nach einigen Minuten begann er mit dem Daumennagel Buchstaben in den Kalk zu ritzen. Einen nach dem anderen. Er zählte noch einmal nach. Es waren 23. Keiner mehr.

«Edelweißpiraten sind treu.»

Inschriften auf den Zellenwänden
des ehemaligen Gestapohauptquartiers in der Elisenstraße

Zellenwände

Vor der Inhaftierung Barthels und auch nachher wurden in die Zellenwände des Gestapohauptquartiers die folgenden Inschriften geritzt:

"Ich liebte niemals mehr so sehr das Leben."

"Gottes Mühlen mahlen langsam, aber sicher."

"Ihr könnt mich nicht, wenn ich nicht will."

"Kinder müssen kommen für den Krieg.
 Räder müssen rollen für den Sieg.
 Köpfe müssen rollen nach dem Krieg."

"Maria, meine Geliebte, hast du meinetwegen gelitten? Antworte mir bitte. Weißt du nicht, daß ich nur an dich denke, auf ewig, Dein J."

"Die 25 Tage sind schon vorbei, und wir warten auf den Galgen."

"Heute am 3.2.45 sind 40 Leute aufgehängt worden. Wir sitzen hier schon 43 Tage und das Verhör ist zu Ende. Jetzt ist die Reihe an uns zum Galgen. Ich bitte, wer uns kennt, soll alle unseren Freunden sagen, daß wir hier umgekommen sind."

"Mein Freund Petrischka, wie leid tut es mir, daß du allein geblieben bist. Und ich sitze hier, wie eine Nachtigall im Käfig, und gucke aus dem Käfig und warte auf den Tag, an dem wir uns wiedersehen. Tosja."

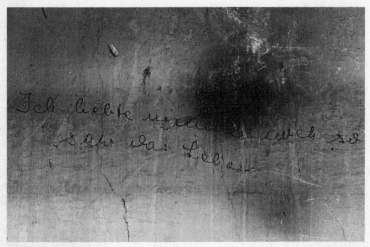

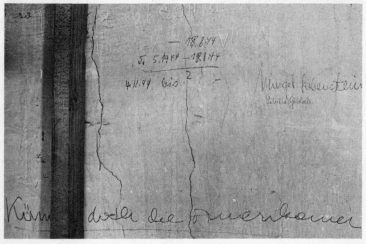

1944

Barthel wird gefoltert

Krachend drehte sich der Schlüssel im Schloß. Barthel zuckte zusammen.

«Schink, mitkommen.»

Barthel rappelte sich auf. Er schwankte, sämtliche Knochen taten ihm weh.

«Na wird's bald?»

Der riesige Kerl, Hoegen hieß er, schlenkerte mit einem Stück Schlauch. Barthel wußte, daß das Ding mit Blei gefüllt war. Er beeilte sich, aus der Zelle zu kommen. Als er an Hoegen vorbeiwankte, gab der ihm einen Tritt in den Hintern. Barthel schoß gegen eine Betontreppe, prallte mit dem Kinn auf. Aus einer klaffenden Wunde spritzte Blut.

«Los, Kleiner, auf, auf, rauf mit dir, wir wollen ein wenig mit dir plaudern.»

Barthel stolperte halb betäubt die Treppe hinauf. Hinter sich hörte er wie aus dem Nebel das Kommando von Hoegen: «Rechts um ...» Dann riß der irgendwo eine Tür auf und stieß ihn in ein Zimmer.

«Setz dich. Zigarette?»

Diesmal kam die Stimme nicht von Hoegen, sondern von einem Mann, der hinter einem Schreibtisch stand und gelangweilt mit einem Bleistift spielte.

«Bitte», sagte er und wies auf einen Stuhl vor dem Schreibtisch, «setz dich. Ich möchte dir einige Fragen stellen. Übrigens, du bist doch gut behandelt worden?»

Barthel glaubte zu erkennen, daß der Mann mißbilligend zu Hoegen hinüberblickte, als er die klaffende Wunde an seinem Kinn entdeckte.

«Es geht dir also gut», stellte er dann freundlich fest.

Barthel nickte und sagte: «Es geht.»

«Na fein», sagte der hinter dem Schreibtisch. «Ich bin Kriminalassistent Schneider. Ich werde deine Vernehmung durchführen.

Fräulein Klein?» Er blickte zu einem zweiten, etwas kleineren Schreibtisch, an dem ein Mädchen saß. «Also, Fräulein Klein, spannen Sie ein. Dann wollen wir mal anfangen.» Der Mann wendete sich Barthel zu. «Name?»

Barthel dachte, eigentlich ist der ganz umgänglich. Vielleicht wird es gar nicht so schlimm. Mit lauter Stimme sagt er dann:

«Schink.»

«Vorname?»

«Bartholomäus, genannt Barthel.»

«Beruf?»

«Ich mache eine Dachdecker- und Bauklempnerlehre.»

«So, du machst eine Lehre, was du nicht sagst. Was verdienst du denn?»

«15 Mark wöchentlich.»

«Aha», sagte der am Schreibtisch. «Wo wohnst du?»

«In der Keplerstraße 33.»

«Religion?»

«Römisch-katholisch, aber ich bin nicht gläubig.»

«So, na gut. Tja, Schink, wie ist das denn, warum, meinst du, bist du hier?»

«Ich weiß nicht, wir haben uns getroffen, und auf einmal war überall Polizei...»

Barthel hörte hinter sich ein Geräusch und wollte sich umdrehen. Da durchfuhr ihn ein stechender Schmerz im Rücken. Die Luft blieb ihm weg, keuchend fiel er vom Stuhl. Er war wie gelähmt.

Hoegen lachte scheppernd im Hintergrund. «Warum fällt der denn hin», hörte Barthel ihn sagen. «Diese junge Generation, kein Mumm mehr in den Knochen, kippt der einfach vom Stuhl. He, du, aufstehen!»

Hoegen rüttelte an Barthels Schulter. Barthel konnte sich kaum rühren, er war fast ohnmächtig vor Schmerzen. Hoegen packte ihn am Kragen, hob ihn hoch und setzte ihn auf den Stuhl.

Du mußt dich zusammenreißen, dachte Barthel, die wollen dich fertigmachen, vorsichtig sein, nichts sagen, vorsichtig. Der hinter dem Schreibtisch, Schneider, fuhr fort: «Wo waren wir stehengeblieben? Du hast gesagt, du weißt nicht, warum du hier bist. Ich will dir mal einen Grund nennen. Wir haben bei dir nämlich eine kleine Pistole gefunden, eine Walther PPK, Kaliber 7,65. Na, da bist du platt, was? Was wolltest du denn mit der Pistole anfangen?»

«Nichts, die hab ich gefunden. Ich wollte sie am nächsten Tag zur Polizeiwache bringen.»

«Dachte ich mir, die anderen Waffen sicher auch.»

«Welche anderen?» stieß Barthel hervor. Mein Gott, dachte er, die haben das Versteck gefunden.

«Ja, da staunst du, was? Wir haben bei dir zu Hause auch noch drei Maschinenpistolen entdeckt, willst du die Marke wissen? Ich sage sie dir: MP 43,0 Kaliber 7,92. Da waren auch noch zwei halbautomatische Gewehre.»

«Davon weiß ich nichts!» rief Barthel. Er sprang trotz der unerträglichen Schmerzen vom Stuhl und schrie: «Nicht schlagen!» Aber er konnte den riesigen Hoegen nicht abwehren. Der Koloß kam unaufhaltsam näher und schmetterte ihm einen gläsernen Aschenbecher ins Gesicht. Barthel hörte es knirschen. Ihm wurde schwarz vor Augen.

Dann wußte er nichts mehr.

1944
Ausbruchsversuch

Bomben-Hans erinnerte sich an jeden Satz seiner Aussage. Er war schwach geworden. Sie hatten ihn kleingekriegt.

Es gab keine Stelle seines Körpers, die nicht schmerzte, nicht grün und blau war. Sie hatten brennende Zigaretten auf seinem Rücken ausgedrückt, ihn auf die Hoden geschlagen und auf das verletzte Bein, dahin hatten sie mit Vorliebe gezielt. Es blutete wieder. Er hatte ein Stück alte Decke um das Bein gewickelt, um die Blutung zu stoppen. Ich muß Widerstand leisten, sagte er sich immer wieder.

Im Vernehmungsprotokoll[18] von Hans Steinbrück stand:
«Ich war der Führer des Unternehmens, und verteilte ich die Beteiligten wie nachstehend aufgeführt: Schink, Müller, Rheinberger, und ich bestiegen den DKW, den ich fuhr. Rehbein, Schütz, Lorent, Balzer, Bermel nahmen in dem Mercedes-Wagen Platz. Balzer fuhr diesen Wagen. Mit Ausnahme des Bermel verfügten alle Beteiligten über Waffen. Rheinberger bekam von Lorent einen Karabiner, ebenso bekam Rehbein von Müller einen Karabiner mit 10 Schuß Munition. Es kann auch mehr gewesen sein. Alle übrigen hatten Pistolen mit genügend Munition. Die Waffen hatte jeder selbst, und habe ich niemand eine Waffe zu besorgen brauchen. Vor der Abfahrt gab ich nochmals entsprechende Anweisungen, wobei ich ausdrücklich nochmals erklärte, daß sich beide Wagen vor dem Hause Schönsteinstraße 7 treffen und dortselbst plötzlich halten müßten. Auf mein Kommando hin sollte dann in die Wohnung eingedrungen, die dort anwesenden Polizeibeamten mit der Waffe in der Hand in Schach gehalten und die Cilly auf diesem Wege befreit werden. Ich gab auch Anweisung, daß im Falle eines Widerstandes alles niedergeschossen werden sollte. Wir fuhren dann los, jedoch klappte diese Sache nicht, denn der Mercedes-Wagen fuhr an der Schönsteinstraße vorbei, ohne zu halten und auf meinen Wagen zu warten. Ich hörte einige Schüsse fallen, und erfuhr ich später, daß

Lorent diese Schüsse entgegen meinem Befehl abgegeben hatte. An der Ecke Schönstein- und Marienstr. hielt der Mercedes-Wagen an. Dort traf ich mit ihm zusammen. Lorent stand vor dem Wagen und knallte blindlings in die Gegend des Hauses Schönsteinstr. 7. Dieses war das Signal für uns, nunmehr ebenfalls blindlings auf das Haus zu schießen. Wir blieben hierbei im Wagen. Ich betone ausdrücklich, daß wir alle geschossen haben, mit Ausnahme des Rheinberger und Rehbein, die aus dem Wagen mit dem Karabiner nicht schießen konnten. Ich lasse allerdings die Möglichkeit offen, daß dieselben später ebenfalls geschossen haben. Wieviel Schuß ein jeder von uns abgegeben hat, vermag ich nicht mehr anzugeben. Ich habe 5–6 Schuß aus meiner Armeepistole geschossen. Nach dieser Schießerei fuhr jeder Wagen für sich los und trafen wir uns durch Zufall nach kurzer Zeit am Siemarplatz wieder. Hier stellte Balzer das Fehlen des Rehbein und Müller fest. Wo dieselben geblieben waren, wußte niemand. Wir fuhren nun gemeinsam zum Ehrenfelder Bahnhof. Dortselbst stiegen Lorent und ich aus. Lorent erklärte, auf den Bahndamm gehen zu wollen, um von dort aus in das Haus Schönsteinstr. 7 zu schießen. Hiermit war ich einverstanden. Ich entlieh mir von Rheinberger den Karabiner. Lorent nahm 3 Pistolen mit. Die Wagen fuhren dann ab und haben wir uns für eine spätere Stunde in der Gartenlaube verabredet. Ich bestieg mit Lorent den Bahndamm und nahmen wir in Höhe des Hauses Schönsteinstr. 7 Aufstellung. Dortselbst sahen wir vor diesem Hause eine HJ-Streife, bestehend aus etwa 20–30 Männern, stehen. Lorent wollte unverzüglich in diese Männergruppe schießen, jedoch hielt ich ihn hiervon ab. Als die HJ-Streife sich nach einiger Zeit verzog und nur noch 2–3 Männer stehenblieben, gab ich den Befehl zu schießen. Ich schoß mit meinem Karabiner 9 Schuß auf die Männer. Ob ich getroffen habe, kann ich nicht sagen. Lorent schoß drei Magazine leer, es mögen 30 Schuß gewesen sein. Auch in diesem Falle kann ich nicht sagen, ob Lorent jemand getroffen hat. Auf Vorhalt erkläre ich, daß wir keinesfalls gehört haben, daß jemand um Hilfe gerufen hat.»

Bomben-Hans biß die Zähne zusammen. Es war jetzt Nacht. Immer wieder drangen das Stöhnen und die Schreie der anderen in seine Zelle. Er selbst hatte den Schmerz in seiner Zunge vergraben; sie war schon ganz blutig. Noch hatte ihn niemand schreien hören.

Noch hatte er nicht geschrien. Und es sollte auch nicht dazu kommen!

Bomben-Hans stand mit einem Ruck auf. Mit zwei Schritten erreichte er humpelnd die Zellentür. Er hob beide Fäuste und donnerte wie von Sinnen an die eiserne Zellentür. Immer wieder. Wie ein übermächtiger Gong dröhnte es durch die Gänge. Seine Reaktionen liefen wie automatisch ab. Als hätte er alles lange vorher geplant.

«Hilfe!» brüllte er. «Hilfe, ich sterbe, Hilfe, so helft mir doch.»

Schritte nahten. Warum geht das nicht schneller, dachte er, warum geht das nicht schneller?

Er wußte, daß jetzt keine Gestapo im Haus war. Mitten in der Nacht machten die feinen Herren Pause. Die Schritte stoppten vor seiner Zellentür. Der Schlüssel drehte sich im Schloß, knarrend öffnete sich die Tür. Ein alter Mann, dachte Bomben-Hans, einer dieser alten königlich-preußischen Wachmänner mit Kappe und Säbel an der Seite. Aber weiter überlegte er nicht.

Der Wärter hatte einen kranken Häftling erwartet. Statt dessen wurde er von einer kräftigen Faust gepackt, in die Zelle gezogen. Bomben-Hans hob die verschränkten Hände und ließ sie auf den Wärter niedersausen. Der Aufseher brach zusammen.

Bomben-Hans verschwendete jetzt keine Sekunde. Er schnappte sich den Schlüsselbund des Wärters, jagte über den Gang auf die erste Tür zu. Fünf Meter weiter war das große Eisentor, dahin mußte er. Fieberhaft nestelte er am Schlüsselbund. Verflucht noch mal, wo war der richtige Schlüssel? Scheppernd stieß er nun schon den zweiten ins Schlüsselloch. Wieder der falsche. Jetzt der dritte. Das mußte er sein. Bomben-Hans atmete auf. Paßte.

In dem Augenblick, als er die Tür in den Innenhof aufstoßen wollte, traf ihn ein Schlag. Was dann geschah, merkte er nicht mehr.

Sie trugen den blutenden Hans in seine Zelle zurück. Der Wärter rappelte sich gerade auf. Ein SS-Mann führte ihn weg. Die Zellentür schloß sich.

1944
Frauen in Gestapohaft

In der gleichen Nacht mußten alle Frauen im Nachbartrakt heraustreten. Die Kleidung mußte in der Zelle bleiben. Nackt hatten sie sich in einer Reihe aufzustellen. Ganz rechts stand Cilly, die vor kurzem auch hierhergebracht worden war. SS-Männer schritten die Reihe der Frauen ab und musterten sie wie Vieh. Dabei sprachen sie im Tonfall einer gemütlichen Unterhaltung miteinander.

«Was sollen wir mit ihm machen?»

«Erschießen?»

«Aufhängen?»

Die Frauen wußten nicht, daß Bomben-Hans versucht hatte, zu fliehen.

Und eigentlich war auch alles wie immer. Cilly war noch nicht lange hier, aber sie hatte inzwischen das Grauen kennengelernt. Tag und Nacht hörte sie die Männer brüllen. Manchmal wurden die Frauen an den Vernehmungszimmern vorbeigetrieben. Was ihnen da in die Ohren tönte, hörte sich an, als würde dort jemand umgebracht. Sie sahen auch zerschlagene Gesichter. Einige von Cillys Zellennachbarinnen hatten es nicht mehr ertragen können. Frau Breuer hatte sich erhängt, auch Maria, die Polin; bei Frau Hüppeler war der Strick zu früh gerissen. Cilly hatte auch gesehen, wie einer der Männer drüben vor Angst aus dem zweiten Stock gesprungen war.

Sie blickte ihre Peiniger an. Auf den Kragenspiegeln glitzerte der Totenkopf. Sie spürte nicht, daß sie nackt war. Sie konnten ihr nichts mehr anhaben. Denn das Schlimmste hatte sie schon hinter sich.

Es war an einem jener Vormittage gewesen, an denen die Männer Rundgang hatten. Da war unter ihren Fenstern ein junger Bursche, fast noch ein Kind, aufgetaucht und hatte gefragt, ob jemand wüßte, wo Frau Breuer sei. Wie er dort hingekommen war, konnte sich nachher niemand erklären.

«Die ist schon seit zwei Wochen tot, Junge. Sie konnte es nicht mehr aushalten. Hat sich aufgehängt, die arme Frau», sagte eine von Cillys Zellennachbarinnen.

Das war zuviel für den Jungen, er drehte durch. Er schrie wie am Spieß, wälzte sich auf dem Boden und schlug mit den Händen auf die Pflastersteine.

Mein Gott, dachte Cilly, du armer Kerl. Es ist doch gar nichts Besonderes mehr, wenn hier einer stirbt.

SS-Leute rückten an, schlugen dem Jungen mit dem Gewehrkolben in den Rücken und schleppten ihn weg.

Am nächsten Tag erfuhr Cilly, daß es der Sohn von Frau Breuer gewesen war.

«Rechts um, marsch, ab in die Zellen», schnauzte jetzt einer der SS-Männer.

Sie drehten sich um und gingen schweigend in die Zelle zurück. Cilly legte sich auf die Pritsche und wickelte sich notdürftig in die durchlöcherte Decke ein.

Warum gehen die so mit uns um? überlegte sie. Die Jungen haben recht gehabt mit ihrem Kampf. Manchmal hatte sie gedacht, die Jungen übertrieben. Und nun waren sie fast alle geschnappt worden. Hans Balzer hatten sie in den Kopf geschossen, nachdem ihm die Flucht fast geglückt war. Und Bomben-Hans war schwer verwundet. Erst als er nicht mehr konnte, hatten sie ihn gekriegt.

Auch Barthel war jetzt hier. Cilly war ihm zufällig auf einem der Gänge begegnet. Wie der ausgesehen hatte – blutüberströmt, zusammengeschlagen. Dabei war er erst sechzehn!

Und auch die Älteren waren nicht entkommen, zum Beispiel Peter, der manchmal so unverständliches Zeug geredet hatte, von Marx und Lenin und von Nietzsche. Das Informationssystem funktionierte gut hier in der Folterhölle der Gestapo. Cilly wußte auch, daß es Häftlinge gab, die von den Wärtern besser behandelt wurden. Konrad Adenauer zum Beispiel. Die erhielten gutes Essen, tagsüber waren ihre Zellentüren offen, demnächst würden die bestimmt freigelassen. Waren das bessere Menschen als Bomben-Hans, als Barthel, Schäng oder Büb Schwarz oder sie, Cilly, dachte sie.

1944
Barthel und Schäng

Schäng war gerade eingeschlafen, da schreckte er hoch. Irgendwo schrie einer, ein langer Ton, der allmählich in ein hohes Wimmern überging. Aber davon allein war er nicht aufgewacht. Irgend jemand hatte gepfiffen.

Schäng trat an das kleine Zellenfenster, öffnete es und blickte hinaus. Es war stockfinster. Irgendwo im Dunkel gegenüber war die Gefängnismauer mit der Stacheldrahtbarriere obendrauf. Wieder ein Pfiff. Diesmal erkannte Schäng, woher er kam. Von schräg oben. Wieder pfiff es. Nicht sehr laut, gerade so, daß man es im Umkreis von vielleicht fünf, sechs Metern hören konnte.

«He, was ist?» flüstert Schäng nach draußen. «Wer bist du?»

«Barthel, und du?»

«Schäng.»

«Mensch, Schäng, du bist es!»

Schäng lauschte. War das wirklich Barthel? An der Stimme konnte er ihn jedenfalls nicht erkennen. Barthel hatte eine andere Stimme.

Schäng überlegte. Das mußte Barthel sein, trotz der Stimme. Weiß Gott, was sie mit ihm angestellt hatten. Er selbst lag in Zelle 4, neben ihm hatten sie seinen Freund Fän eingelocht. Barthels Zelle mußte schräg links über ihm sein.

«Schäng», flüsterte die Stimme wieder, «hörst du mich? Sag doch was!»

Schäng lief es kalt über den Rücken. Die Stimme hörte sich furchtbar an. «Mensch, Barthel, wir haben schon gehört, daß sie dich und die anderen Ehrenfelder geschnappt haben.» Er zwängte sich so nahe es ging an das Gitter heran und horchte nach oben.

«Der Bubes ist hier nebenan», flüsterte Barthel. «Ich glaube, der ist schon tot, der sagt nichts mehr. Ich hab ihn schon ein paarmal gerufen, aber der antwortet nicht.» Barthel brach ab. Schäng glaubte ein leises Weinen zu hören. Dann flüsterte Barthel: «Schäng, hörst du, Schäng. Ich mußte dich verraten, hörst du, ich hab dich verraten, ich konnte nicht mehr. Sie haben mich geschlagen. Ich habe es nicht mehr ausgehalten. Ich bin ein Schwein, Schäng. Ich hätte nicht gedacht, daß ich jemals einen von uns verraten könnte. Aber ich habe es gemacht ...»

Schäng war entsetzt. Nicht darüber, daß er verraten worden war. Er wußte schließlich, wozu die Schläger der Nazis, dieser Hoegen und die anderen, fähig waren. Da konnte jeder schwach werden. Aber Barthel? Was mußten sie mit dem gemacht haben, bis er gesprochen hatte? Denn Barthel war immer der Mutigste gewesen, einer, der sich nie unterkriegen ließ, einer, der weniger wegen seiner Körperkraft als wegen seines Mutes geachtet und selbst bei den Stärkeren und viel Älteren gefürchtet war. Und jetzt?

Wieder hörte Schäng seinen Namen rufen. Es war fast ein Wimmern. «Ich hab alle Namen gesagt. Schäng, meinst du auch, daß Bubes tot ist, der meldet sich nicht mehr ...»

Schäng fühlte ein Würgen im Hals. «Quatsch», sagte er, «der schläft bestimmt, so 'n Verhör bei den Schlächtern ist eben anstrengend.» Er versuchte, seine Stimme forsch klingen zu lassen. «Barthel, mach dir nichts draus. Die haben sowieso alles gewußt. Die haben bestimmt schon vorher alle Namen gekannt.»

«Meinst du?» kam es leise von oben. «Schäng, ich hab gesagt, du und Fän, ihr hättet Waffen auf der Insel im Lidosee vergraben. Sie haben mir Zigaretten auf dem Rücken ausgedrückt, bis ich es ...» Barthel stockte.

Schäng versuchte zu lachen. «Na und, da werden sie aber Pech haben. Es sind doch keine Waffen da.»

«Trotzdem», sagte Barthel, «ich hab gesagt, ihr hättet dort Waffen versteckt und Handgranaten.»

«Sollen sie ruhig hingehen und suchen, da ist nichts», sagte Schäng.

Einen Augenblick war es totenstill. In der Ferne schimmerte es jetzt hell. Über Köln wurde der Himmel rosarot.

«Schäng, sie haben mich dahin gebracht. Ich hab die ganze Insel umgegraben, überall hab ich Löcher gemacht ...»

«Aber es war nichts da, stimmt's?» kicherte Schäng.

«Ja, es war nichts da, sie wollten mir aber nicht glauben, ich mußte immer weitergraben. Ich wollte nicht wieder geschlagen werden.»

Irgendwo draußen im Flur klirrte es. Sie konnten nicht weiterreden.

«Halt dich gerade, Barthel», sagte Schäng, «da kommt jemand.»

Wahrscheinlich war es nur einer der alten Wärter, von denen eigentlich nicht viel zu befürchten war.

«Gute Nacht, Schäng», hörte er Barthel flüstern. «Du bist mir doch nicht böse?»

«Quatsch. Mir hat mal einer gesagt, am besten alles zugeben, dann kommt man bald wieder raus.»

1944
Ich gestehe

Barthel lag zusammengekrümmt auf der Pritsche. Nur nicht bewegen, dachte er. Alles tat ihm weh. Mit der Zunge fuhr er vorsichtig über die trockenen Lippen. Die blonden Haare hingen über die dunklen Flecken, die sich auf seiner Stirn gebildet hatten. Vor seinen Augen wallten Farben, grau, manchmal rosa, manchmal wurde es ganz schwarz. Wenn er schluckte, spürte er den Geschmack von Blut.

Sein Vater ist gekommen. Er sitzt in der Küche auf dem Sofa und sagt immer wieder: Das sind die Mörder. Das sind die Massenmörder.

Warum schlagen sie mich denn so. Ich sage doch alles. Jawohl, ich heiße Bartholomäus Schink, wohnhaft Keplerstraße in Ehrenfeld. Jawohl, ja, römisch-katholisch, ich bin römisch-katholisch, bitte nicht schlagen, ich gebe zu, ich bin das drittälteste von sechs Geschwistern. Ich weiß, mir ist der Gegenstand meiner Vernehmung bekannt. Man hat mich ernstlich ermahnt, ich habe eingesehen, daß Leugnen keinen Zweck hat, jawohl, ich werde in allen Punkten wahrheitsgemäße Angaben machen.

Ich gebe zu, daß ich zu den Edelweißpiraten gehöre. Ich gebe zu, daß wir am Ehrenfelder Loch gesessen und verbotene Lieder gesungen haben. Ich gebe zu, daß Bubes mein Freund ist. Ich gebe zu. Ich kann das nicht bestätigen. Ich habe in der Schönsteinstraße nicht geschossen. Der Roland, der Hans. Doch, ich gebe zu, daß ich in der Schönsteinstraße aus dem Auto einen Schuß aus dem Karabiner abgegeben habe. Nein, ich weiß nicht, ob ich jemand getroffen habe, ich weiß es nicht. Ich gebe es zu, daß ich es nicht weiß, ich möchte es glaubhaft machen, wenn ich darf. Jawohl, zugeben. Ich gebe zu, in der folgenden Nacht an dem versuchten Diebstahl der Sprengmittel und Bomben im Fort beteiligt gewesen zu sein. Mir ist bekannt, daß auf dem Weg noch ein PKW gestohlen worden ist, da war ich jedoch nicht dabei. Ich gebe zu, daß mit den Sprengmitteln das Gebäude der Gestapo und Eisenbahnanlagen zerstört werden sollten, um hierdurch den Krieg schneller zum Nachteile Deutschlands zu Ende zu bringen. Ja, alle sollten daran beteiligt sein, ich gebe es zu, alle ohne Ausnahme. Ich gebe auch zu, wenn die Sache geklappt hätte, hätte ich mich hiervon nicht ausgeschlossen.

Was ich noch weiß? Ich sage alles, restlos alles. Was ich weiß? Waffen? Waffenlager? Ja, das ist richtig, auf der Lidoinsel, 2 Karabiner, ohne Munition, eine Zigarrenkiste mit 7,65er Munition, 7 bis 8 Eierhandgranaten, alles in einem Stollen auf der Lidoinsel, im Dechsteiner Weiher, ein Stollen, 2 Meter lang, ebenso breit, ein Meter tief, ja, ich habe von Schäng davon erfahren, ich gebe zu, Schäng hatte eine Pistole, 08. Schäng galt als Führer der Edelweißpiraten in Sülz ...

Ich sage die Wahrheit, die wirkliche Wahrheit. Jawoll, auf Vorhaltungen hin muß ich nun bestreiten ... Ich bestreite auf Vorhaltungen hin, und noch einmal zur Wahrheit ermahnt erkläre ich hinsichtlich des Waffenlagers am Lidosee, daß ich dieses angebliche Lager persönlich nicht gesehen und hierüber unwahre Angaben gemacht habe. Schäng hat mir jedoch in Gegenwart des Bubes das betreffende Lager, die genaue Stelle sowie die Anzahl der vorhandenen Waffen bezeichnet, so daß ich seinen Angaben unbedingt Glauben schenken mußte. Aus diesem Grunde habe ich auch bei meiner Vernehmung die diesbezüglichen Angaben gemacht und wollte, als ich zu der von mir bezeichneten Stelle hingeführt wurde, keinen Rückzieher machen.

Habe ich wirklich alles zugegeben? Ohne etwas auszulassen?

Hans, sag du es, war ich perfekt, hab ich den Auftrag gut erledigt? War ich gut?

Zeig mir noch einmal das rote Mäppchen, erzähl mir noch einmal, wie es war, als du es bekommen hast. Ich weiß, es war ein Stück tätowierte Haut in einem roten Mäppchen, du mußt es wissen.

Jawohl, mir ist bekannt, ich gebe zu, daß mir bekannt ist, daß dieses Stück tätowierte Haut vom Körper eines toten Juden stammt. Jawohl, zu Befehl, ein Stück vom Arm. Ich weiß, es kommt von weit her aus Buchenwald. Ich gebe zu, ich habe gehört, es war Ilse Koch, die Frau des Lagerleiters Koch, die den Juden mit einer Spritze tötete und sich ein Stück Haut herausschneiden ließ.

Jawohl, das machte sie oft, ließ sich Handtaschen davon machen oder Brieftaschen. Ich weiß es wirklich nicht genau, ob sie sich nun Handtaschen oder Brieftaschen machen ließ. Aber es trifft zu, daß Bomben-Hans den Beweis mit sich trug. Das Stück Haut. Wir werden den Beweis antreten, ihr werdet dafür büßen. Hört auf, ihr Hunde, was wollt ihr von mir, ich gebe doch alles zu.

Über die Schwere meiner Handlungsweise war ich mir vorher nicht recht im klaren. Erst bei der Sache in der Schönsteinstraße war ich mir der Tragweite meines Tuns bewußt. Ich muß hierzu bekennen, daß außer meiner Abenteuerlust der verderbliche Einfluß des Bomben-Hans viel dazu beigetragen hat, daß ich trotz meiner Jugend zum gefährlichen Verbrecher geworden bin.

Die Schmerzen im Magen ließen nicht nach. Sie schlugen nicht mehr ins Gesicht, sondern nur noch auf den Körper. Damit nichts zu sehen war. Bei jeder kleinsten Bewegung bohrte sich der rasende Schmerz vom Magen her bis ins Gehirn.

Nur halb nahm Barthel den Schmerz wahr, nur halb war er sich seiner Umgebung, der Zelle, bewußt. In seinen Gedanken war er weit weg von hier.

Er ist jetzt schon sehr alt, trägt einen langen, weißen Bart. Der Frühling liegt lange zurück, alles ist friedlich. Seine Gitarre ... Hoffentlich geht Addi gut mit ihr um. Die Mutter steht am Herd, warme Erbsensuppe – o mein Gott, warme Erbsensuppe, drüben am Märchensee, das kleine Lagerfeuer lodert, sie sitzen im Kreis, singen, spielen Gitarre. Die Wehrmacht ist in Rußland eingefallen. Au, Mann, da müssen wir bald zu den Soldaten – nein, das machen wir nicht.

Drüben brennt es, wir müssen hin, die Leute ausbuddeln. Mein Gott, die Nazis werden immer schlimmer, man wird doch noch mal ein paar Hitlerjungen verprügeln dürfen.

Wir waren immer fair, nie zu mehreren gegen einen, niemals.

Wo ist Titti denn? Die hat wirklich nur Jungen im Kopf. Titti, nicht böse sein, wir mußten das machen, es ging nicht anders.

Nein, es ging nicht anders.

Mutter und Schwester von Barthel

1944
Die Hinrichtung

Am Morgen des 10. November 1944 erhielten die Häftlinge von Brauweiler neue Handtücher. Schäng bekam eins, auch Fän und die meisten anderen. Barthel, Bubes, Addi Schütz und noch ein paar gingen leer aus. Die würden wohl in ein Lager verlegt, mutmaßten die anderen. Schäng war ein bißchen neidisch, denn im Lager konnte man in der großen Masse der Gefangenen untertauchen und war den Schlägern nicht mehr so direkt ausgeliefert. Haben die's gut, war die Meinung aller, die ein Handtuch bekommen hatten. Bomben-Hans, der bei der Handtuch-Ausgabe auch leer ausgegangen war, grinste über das bleiche Gesicht. Er freute sich. Das Lager kannte er, da würde er schon eine Möglichkeit zum Abhauen finden.

In der Keplerstraße saß Mutter Schink mit Titti am Küchentisch. Viel zu essen hatten sie nicht mehr. Seit Barthel in Brauweiler war, war es noch weniger geworden.

Schon seit Tagen überlegte Mutter Schink, ob es richtig wäre, dem Rat dieses Herrn Schneider zu folgen und Strafanzeige gegen Barthel und die anderen zu stellen. Schneider hatte ihr gesagt, Barthel anzuzeigen sei das beste Mittel, ihn zu retten. Die Gestapo würde sonst kurzen Prozeß mit ihm machen.

Titti und die Mutter fuhren vor Schreck zusammen. Die Wohnungstür wurde geöffnet. Ein paar Sekunden später kam Addi in die Küche. Er ging mit staksigen Schritten auf einen Stuhl zu und setzte sich. Sein Gesicht war kreidebleich, die Augen waren starr und weit geöffnet. Er bewegte die Lippen. Aber er brachte keinen Ton heraus.

«Addi», sagte die Mutter, «was ist los mit dir, was ist denn passiert? Bist du hingefallen? Junge, hast du dir weh getan?»

Addi bewegte immer weiter die Lippen, aber nur ein paar Wortfetzen waren zu hören. Titti glaubte, so etwas wie «Hüttenstraße» zu verstehen. Bestimmt hatten sie da wieder Russen aufgehängt, so wie neulich diese elf Zwangsarbeiter, abgemagerte, elende Gestalten mit glattrasierten Köpfen. Und dieser blöde Addi mußte unbedingt wieder dahin gehen, und jetzt war ihm schlecht. Sie hatte ihm schon beim letztenmal gesagt, er sollte nicht so vorwitzig sein und überall seine Nase reinstecken.

«Was war in der Hüttenstraße? Haben sie wieder Russen aufgehängt?» Titti schüttelte Addi. «Komm, sag was.»

Addi hob den Kopf und blickte erst die Schwester an, dann die Mutter. «Barthel», stammelte er, «sie haben – Barthel aufgehängt.»

Und dann überschlugen sich seine Worte fast: «Ich wollte gar nicht hin. Sie haben gesagt, ich wäre doch der Bruder von dem einen, und haben mich mit Gewehrkolben in die erste Reihe gestoßen. Ich soll nur gut hingucken, wie mein Bruder, der Schwerverbrecher, aufgehängt wird. Siehst du, hat ein SS-Mann gesagt, jetzt ist es aus mit dem Verbrecher. Das kommt davon, wenn Eltern nicht auf ihre Kinder aufpassen...»

Mutter Schink war unterdessen langsam zur Tür gegangen.

«Das stimmt nicht, Junge, was erzählst du denn da. Mit solchen Sachen macht man keine Witze.»

«Ich hab ihn gesehen. Er hat mich erkannt. Sie kamen alle aus dem Tor und hatten Ketten an Armen und Beinen. Ich wollte weg.

Schanzeneinsatz am Westwall

Ich hab geheult und gesagt, ich will weg, aber die haben mir immer mit dem Gewehrkolben in den Rücken gestoßen und mich an den Haaren gezogen und gesagt, guck mal, du kleines Kommunistenschwein, du könntest genausogut da hängen, ein Jahr älter, dann wärst du auch dabei.»

Mutter Schink stand immer noch an der Tür, die Hand auf der Klinke. «Junge, das kann nicht sein. Barthel ist am Westwall, der ist bestimmt am Westwall zum Schanzen. Wenn er nicht da ist, können sie ihn auch nicht aufhängen...»

«Dann haben sie mich gehen lassen, sie waren alle tot. Und erst als sie tot waren, haben sie das Urteil verlesen. Mir ist schlecht geworden. Ich bin umgefallen, Mama. Die Leute haben mich angespuckt, als ich nach Haus gegangen bin.»

Mutter Schink war schon auf der Treppe. «Ich werde mal hingehen, um alles aufzuklären. Es werden sicher wieder Russen gewesen sein...»

Als Addi schwieg, schrie Titti los. Sie schrie in einem fort. Titti wußte, daß Addi die Wahrheit gesagt hatte. Sie hatten Barthel aufgehängt. Mein Gott, warum bloß...

Mutter Schink hatte inzwischen den Hinrichtungsplatz erreicht. Es standen noch Leute herum. Die meisten schwiegen. Aber ein paar redeten laut: «Wurde aber auch Zeit. Mußte endlich etwas geschehen. Man war ja seines Lebens nicht mehr sicher...»

Oben auf dem Bahndamm standen SS-Männer. Sie hatten Maschinengewehre aufgebaut. Wovor fürchteten die sich?

Mutter Schink trat näher. Sie blickte die Erhängten nacheinander an. Nein, da ist kein Barthel dabei, so sieht mein Junge nicht aus, dachte sie. Das ist nicht mein Junge. Mein Barthel ist kräftig und hat blonde Haare. Gott sei Dank, er ist nicht darunter, warum sollte er auch, er hat nichts getan, er ist am Westwall und tut seine Pflicht, er ist am Westwall und verteidigt das Vaterland. Barthel war dort, wo es seine Pflicht war, wo das Vaterland ihn brauchte. Sie hatten ihn immer anständig erzogen. Barthel war nicht böse, wie manche Leute sagten. Gewiß, der Vater fehlte ihm. Von ihr ließ sich der Junge ja nichts mehr sagen.

Daß er oft mit diesen anderen Leuten zusammen war, die in der Schönsteinstraße wohnten, das war ihr gar nicht recht. Kommunisten sollten das sein.

«Das kann nur Ärger geben», hatte sie Barthel oft gesagt.

Aber er hatte daraufhin immer nur gelacht. «Glaub nicht, was die Leute sagen, Mama», hatte er sie beruhigt.

Er hatte so geklungen, als sei er felsenfest überzeugt von dem, was er tat. Wenn der Vater dagewesen wäre, dann wäre vielleicht doch vieles anders gekommen. Am Westwall war es auch gefährlich. Viele Jungen waren dort schon erschossen worden.

Jetzt hatten sie hier wieder Russen aufgehängt. Barthel konnte also nicht dabei sein.

Oder war er es doch, da vorne, mit dem kahlen Kopf, so dünn und so schmal ...

Mutter Schink erhielt von hinten einen Stoß. «Machen Sie, daß Sie weiterkommen, hier wird nicht geheult. Die Verbrecher sind ihrer gerechten Strafe zugeführt worden. Machen Sie, daß Sie weiterkommen.»

Sie ging zurück in ihre Wohnung. Dort holte sie ein Blatt Papier und schrieb einen Brief an ihren Mann. Er war in Italien an der Front. Mutter Schink schrieb ihm, daß Barthel an einer Lungenentzündung gestorben sei.

Mutter Schink hatte Angst, daß der Vater sich etwas antäte, wenn er erfuhr, daß sein Sohn als Schwerverbrecher in Ehrenfeld vor den Augen der Nachbarn aufgehängt worden war.

Immer wieder sagte Mutter Schink später, daß ihr Sohn zuletzt am Westwall gewesen sei.

Aber die Tatsachen sprachen dagegen. Es ist amtlich dokumentiert, daß Barthel auf dem Jüdenfriedhof liegt, irgendwo, im Massengrab.

Zerschlagung

Die Geheime Staatspolizei gibt am
30. Januar 1945 den folgenden Lagebericht:
"Die Kriminalität hat im ganzen Bezirk
erheblich zugenommen, dies gilt insbesondere
für die von dem Luftkrieg hart betroffenen
Städte. In erster Linie auf dem Gebiete der
Bandenbildung mit zum Teil rein krimi-
nellem, zum Teil aber auch politischem
Einschlag habe ich fortlaufend... berichtet.
Es kann deshalb nur die Aufgabe dieses
Berichtes sein, eine zusammenfassende
Darstellung zu geben, indem ich dabei den
Bericht des Leiters der Staatspolizeistelle
Köln zu Grunde lege, den dieser auf der
Konferenz beim Reichsverteidigungskommissar
für den Gau Köln-Aachen am 29. Januar
erstattete. In erster Linie ist hier die
Großbande zu nennen, die seit August 1944
in dem Stadtteil Köln-Ehrenfeld ihr Unwesen
trieb. Nach den Feststellungen der Staats-
polizei zählte sie im ganzen 128 Köpfe.
Sie setzte sich in gleicher Weise aus
Deutschen und Ausländern zusammen. Sie
terrorisierte nicht nur die Zivilbevölkerung,
sondern hatte es auch darauf abgesehen,
politische Leiter der NSDAP zu beseitigen.

In ihren Reihen befanden sich auch viele
Jugendliche im Alter von 16-18 Jahren, ja
sogar von 15 Jahren, die früher den Edelweißpiraten angehört hatten. Die milde
Behandlung, die den Edelweißpiraten in der
Regel von dem Kölner Jugendgericht wider-
fahren war, ist somit fehl am Platz
gewesen. Die Bande ist durch das Eingreifen
der Geheimen Staatspolizei, die eine
erhebliche Anzahl der Bandenmitglieder
öffentlich executiert hat, zerschlagen.
Neben dieser Großbande hat die Geheime
Staatspolizei das Wirken von etwa 20
weiteren Banden von verschiedener Stärke von
3 - 20 Köpfen feststellen können. Eine Bande
allein hat acht Morde auf dem Gewissen. Sie
setzte sich aus Polen, Franzosen und einigen
Deutschen zusammen. Auf das Konto aller
Banden gehen insgesamt 29 Morde. Unter den
Ermordeten befinden sich 5 politische Leiter,
1 SA-Mann, 1 HJ-Angehöriger, 6 Polizei-
beamte, darunter der Leiter der Staatspolizeistelle Köln, SS-Sturmbannführer
Reg. Rat Hofman, der am 26.11.1944 im Kampf
gegen eine Bande im Stadtteil Köln-Kletten-
berg fiel, und zwei weitere Beamte der
Geheimen Staatspolizei, 11 Zivilisten und
5 Wehrmachtsangehörige. Von den begangenen
Morden sind bis jetzt 8 nicht aufgeklärt

worden. Zahlreiche Waffen aller Art konnten
bei den Bandenmitgliedern gefunden und
sichergestellt werden.
Es konnte festgestellt werden, daß Be-
strebungen im Gange waren, alle Banden
zusammenzufassen. Durch das tatkräftige
Vorgehen der Geheimen Staatspolizei konnte
dieses Vorhaben vereitelt werden. Alle
Banden konnten zerschlagen werden. Wie der
Leiter der Staatspolizeistelle hervorhob,
haben die Banden in letzter Zeit ihre
Tätigkeit nach Wuppertal und Bonn verlagert,
eine Tatsache, die ich hinsichtlich der
Stadt Bonn selbst festzustellen vermeinte,
da dort nach den heftigen Luftangriffen Ende
Dezember 1944 zwei Morde zu verzeichnen
waren, die von Bandenmitgliedern begangen
sein mußten. Der Vortragende hob in diesem
Zusammenhang hervor, daß in letzter Zeit die
Tätigkeit der rein kriminellen Elemente ohne
politischen Einschlag stark zunehme. Dabei
handle es sich nicht allein um organisierte
Banden, sondern auch um sogenannte wilde
Täter, denen schwer beizukommen ist, da
gegen sie nicht mit Vertrauensmännern
gearbeitet werden könne.
... Der Geheimen Staatspolizei ist es ferner
gelungen, die Organisation 'Komitee Freies
Deutschland' unschädlich zu machen.

Der Kopf der Organisation, bestehend aus
59 Funktionären, konnte festgenommen
werden. Unter den Festgenommenen befinden
sich 2 Juden, 2 Deserteure und zahlreiche
erfahrene Kommunisten, die vor dem Kriege
lange in Konzentrationslagern zugebracht
hatten. Zu den Mitarbeitern zählte ein
Kunstmaler, der gefälschte Ausweise her-
stellte. Einen solchen besaß ein Arzt, der
zusammen mit 2 Parteigenossen zu dem
Komitee gehörte. Die Organisation hatte
bereits vor 15 Monaten ihre Tätigkeit
aufgenommen. Sie arbeitete zunächst nur
vorbereitend und hatte sich zur Aufgabe
gestellt
1. auf eine schnelle Beendigung des Krieges
hinzuwirken,
2. die NSDAP zu zerschlagen,
3. Mitglieder der früheren Parteien zu einer
Volksfront zu sammeln,
4. eine neue Regierungsbildung vorzubereiten.
Insgesamt hat die Geheime Staatspolizei
500 Personen festgenommen. Unter den Festgenommenen befinden sich rund 220 Deutsche,
der Rest sind Ausländer und Staatenlose.
Von den Festgenommenen hat die Geheime
Staatspolizei 10 Personen der Staatsanwaltschaft überstellt, von denen 8 wegen Zer-
setzung der Wehrkraft, Feindbegünstigung,

Vorbereitung zum Hochverrat, Abhören
ausländischer Sender und Verbreitung der
abgehörten Feindnachrichten vor dem Kölner
Senat des Volksgerichtshofes angeklagt
worden sind. In der Hauptverhandlung am
16. Januar 1945 verurteilte der Senat
3 Angeklagte zum Tode, 3 weitere zu Zucht-
hausstrafen von 2-5 Jahren, 1 Angeklagten
zu einem Jahr und 3 Monaten Gefängnis,
während ein Angeklagter frei gesprochen
wurde. Das Urteil an den drei zum Tode ver-
urteilten ist am 18. Januar 1945 durch ein
Kommando der Schutzpolizei aus Köln in Siegburg durch Erschießen vollstreckt worden.
Gericht und Staatsanwaltschaft haben durch
die Erledigung des Falles unter Beweis
gestellt, daß sie trotz aller sich entgegen-
stellender Schwierigkeiten in der Lage sind,
auch umfangreichere Straffälle rein politischer Art prompt abzuurteilen. Als besondere
Schwierigkeit hat sich bei diesen Verfahren
herausgestellt, die Laienrichter recht-
zeitig zur Hauptverhandlung heranzubekommen.
Obwohl nur solche Laienrichter zu der
Hauptverhandlung geladen waren, die in Köln
oder der nächsten Umgebung der Stadt an-
sässig sind, waren nur zwei davon er-
schienen. Der Polizeipräsident, SA-Gruppen-
führer Höwel, hatte sein Ausbleiben damit

entschuldigt, daß er in seiner Eigenschaft
als Polizeipräsident und örtlicher Luft-
schutzleiter von Köln seinen Dienstsitz
nicht für einen ganzen Tag verlassen könne.
Ebenso hat der zur Hauptverhandlung
erschienene Landrat des Landkreises Köln,
Oberbereichsleiter Lövenich, erklärt, daß
er in Zukunft an den Sitzungen des Senats
nicht teilnehmen könne, da seine Dienst-
geschäfte seine Abwesenheit für mehrere
Stunden am Tag nicht gestatteten..."

Die Überlebenden

Barthel war am Galgen gestorben. Mit ihm die meisten seiner Freunde. Andere wurden erschossen, starben an Entkräftung oder machten ihrem Leben selbst ein Ende. Die, die übrigblieben, wurden im Februar 1945 nach Siegburg verlegt. Denn die Front war inzwischen nah an Köln herangerückt.

150 Gefangene waren nach Siegburg gebracht worden. Im Lager dort herrschte Typhus, und nach einem Monat waren nur noch 75 von ihnen am Leben.

Zu ihnen gehörte Schäng. Er überlebte die Epidemie und wurde von den Amerikanern befreit.

Fritz de Plaat war schon im Lager Siegburg gewesen, als die Ehrenfelder Gruppe verhaftet wurde. Das hatte ihm wahrscheinlich das Leben gerettet. Im Lager, in das er zusammen mit einem Edelweißpiraten namens «Män» eingeliefert worden war, erkrankte er schwer. Trotzdem zwang man ihn, im knietiefen Grundwasser stehend, bei eisiger Kälte Gräben auszuheben. Einmal fiel de Plaat besinnungslos um, sein Kopf geriet unter Wasser. Ein Mithäftling rettete ihn vor dem Ertrinken. Der Kranke wurde nun als Putzer beim Lagerführer eingesetzt.

Er hatte nur einen Gedanken: raus hier. Als Putzer des Lagerführers erledigte de Plaat neben dem Saubermachen auch die üblichen Schreibarbeiten. So bekam er Zugang zu Formularen und Stempeln für eine «Dienstreisebescheinigung». Tagelang übte er den Namenszug «Weingarten», die Unterschrift des Lagerführers. Kurz nach der Eiswein-Ernte machten sich de Plaat und Män in der Uniform der Wachmannschaft davon. Dreizehn andere Häftlinge flohen eine Stunde nach ihnen. Aber de Plaat und Män liefen nicht zum nächsten Bahnhof wie die anderen, sondern machten einen Fünfzehn-Kilometer-Gewaltmarsch nach Simmern.

Während die anderen gefaßt wurden, kamen sie am 7. November in Köln an. De Plaat erfuhr, daß seine Mutter ins Allgäu evakuiert worden war. Im Luftschutzbunker, wo ihn die Leute wie ein Gespenst anstarrten, hörte er dann, daß alle seine Freunde verhaftet worden waren, Barthel, Bomben-Hans und die anderen. Niemand wollte ihn aufnehmen, alle hatten Angst. Män und er mußten also weiter, Richtung Süden.

Ihr größtes Problem im Augenblick war, daß sie nichts zu essen hatten. In Koblenz schlug de Plaat deshalb vor, zur Kommandantur zu gehen. Dort wiesen sie ihre Bescheinigung vor und erklärten: «Wir sind auf Dienstreise und brauchen dringend Lebensmittel.»

Sie wurden in einen Kübelwagen geladen und zum Stadtkommandanten gebracht. Gerade als sich ein Gefreiter im Lager Siegburg nach ihnen erkundigen wollte, weil sie so verdächtig jung aussahen, kam Fliegeralarm, der Telefonanschluß war gestört. Der Soldat unterschrieb die Bescheinigung für die Lebensmittel. «Wünsche euch viel Erfolg», sagte er noch.

Für zehn Tage hatten sie jetzt zu essen. Sie trennten sich nun. Män wollte seine Verwandten in Leipzig suchen, de Plaat beschloß, zu seiner Mutter nach Pfronten im Allgäu zu fahren. Auf dem Bahnhof in Koblenz geriet er in eine Razzia. Er fiel wegen seines kahlgeschorenen Kopfes auf – und wurde festgenommen. Die Gestapo lieferte ihn ins KZ Dachau ein.

Wieder gelang de Plaat die Flucht. Zusammen mit vier Österreichern sprang er auf einen Zug auf, als sie auf einem Bahndamm Gleise reparieren sollten. In Pfronten erwartete ihn schon die Polizei. Doch diesmal hatte er Glück: Die Polizei brachte ihn nicht zurück, sondern versteckte ihn. Fritz de Plaat überlebte.

Cilly wurde im offenen Wagen nach Siegburg transportiert, später nach Wipperfürth. Das letzte, was sie von Brauweiler sah, war eine Exekution: Die SS erschoß noch schnell zwei junge Russinnen. Als sie von Wipperfürth wiederum verlegt wurde, faßte sich Cilly während des Fußmarsches an den Magen. Ihr sei schlecht, sagte sie. Ihre Freundin Else beugte sich über sie, um ihr zu helfen. Als der Treck weitergezogen war, ließen sich die beiden Frauen einen Abhang hinunterfallen. Sie hatten zuvor gesehen, daß den Wachmannschaften Munition ausgehändigt worden war. Auf Fliehende sollte also geschossen werden. Aber Cillys Flucht wurde zu spät entdeckt. Sie überlebte.

Als die Ehrenfelder Gruppe aufgeflogen war, rannte Wolfgang Schwarz, der Bruder von Büb, ziellos durch Köln. In der nächsten

Zeit versteckte er sich bei verschiedenen Bekannten, aber immer nur für eine Nacht. Länger zu bleiben war zu gefährlich. Wenn er keinen Unterschlupf fand, übernachtete er auf Friedhöfen und in Leichenhallen.

Schließlich fing Wolfgang wieder im HKP zu arbeiten an. Ein Elektriker deckte ihn. Den brauchen wir hier, sagte er, wenn jemand mißtrauisch wurde. Denn alle anderen Arbeiter waren Wehrmachtsangehörige. Jeden Mittag bekam Wolfgang dort einen Schlag warmes Essen.

Abends saß er oft in einem Hinterhofzimmer und tat etwas, worauf die Todesstrafe stand: Er hörte Feindsender. Im Januar 1945 sendete BBC London einen Nachruf auf die Ehrenfelder Gruppe:

«Es erreichen uns viele Nachrichten vom Geist einer Revolte gegen die Nazis bei Burschen und Mädchen in Deutschland. Die Zahl dieser jungen Menschen, über ganz Deutschland verstreut, ist offenbar groß genug, um Himmler große Schwierigkeiten in einem kritischen Augenblick zu verursachen. Die deutsche Jugend unter zwanzig ist der Reglementierung, des Zwangs und der Propaganda des NS müde, sie will frische Luft, Freiheit und Wahrheit in ihrem Leben. Sie tut viel, die Älteren aufzuwecken und ihnen die Möglichkeit einer Behinderung der Gestapo zu zeigen. In mehreren Städten sind diese antifaschistischen Burschen und Mädchen in enger Fühlung mit ausländischen Arbeitern. Manchmal kann man die Angehörigen der jugendlichen Opposition an bestimmten Zeichen erkennen. Das am meisten verbreitete Zeichen ist das Edelweiß unterm Rockaufschlag. Diese Alpenblume, die hoch in den Bergen blüht, wo keine andere mehr gedeiht, ist von jungen Deutschen als Symbol des Wiederaufblühens der Freiheit in einem Land gewählt worden, wo die Freiheit von Staats wegen tot ist ...»

Als die Amerikaner Köln eingenommen hatten, ging Wolfgang zu seinem alten Meister zurück und setzte seine Konditorlehre fort. Er hielt nichts davon, sich treiben zu lassen. Vielleicht hatte er deshalb überlebt.

Der Kampf um Anerkennung

Der kleine Widerstand im Innern hatte nicht gereicht. Weder der Widerstand der Wehrmachtsoffiziere um Stauffenberg noch der studentische um die Geschwister Scholl, weder der einzelner mutiger Kirchenvertreter noch der Opfergang der «Politischen», Kommunisten und Sozialdemokraten. Der Widerstand der Jugend, zum Beispiel der der Ehrenfelder Gruppe, war unorganisiert, spontan, regional begrenzt. Doch der Mut dieser Jungen erschreckte die Nazis. Dieser Mut hatte Beispielcharakter. Deshalb die gnadenlose Brutalität, mit der die Edelweißpiraten zuletzt verfolgt wurden. Deshalb die öffentliche Exekution zur Abschreckung. Endgültig befreit werden mußte Deutschland militärisch und von außen. Die, die für die Verbrechen des Nazi-Staates verantwortlich waren, stahlen sich aus dem Leben oder verkrochen sich, bis über ihre Untaten Gras gewachsen war. Und das Gras, das wuchs schnell.

Ein neues Deutschland sollte entstehen. Ein demokratisches, ein soziales, vor allem aber ein antifaschistisches Deutschland. Doch das ging ein bißchen schief. Das kurze Leben des Bartholomäus Schink, sein Tod am Galgen, sind gleichzeitig ein Stück Geschichte des deutschen Faschismus. Ebenso erschütternd ist, wie der neue Staat, einer von zweien, die nun entstanden, die Bundesrepublik Deutschland, den Widerstand der Arbeiterjugendlichen diskreditierte und bereitwillig die Einschätzung der Nazis übernahm, daß es sich bei Bartholomäus Schink und seinen Freunden um Verbrecher gehandelt hat. Bis heute hat sich daran nichts geändert.

Seit fast 30 Jahren dauert der Kampf um Anerkennung an. Alles begann am
31. Dezember 1952
Bei der Stadtverwaltung Köln, Stelle für Wiedergutmachung[20], ist unter Nr. V 910 ein Antrag auf Anerkennung von Bartholomäus Schink als politisch Verfolgter eingegangen. Absender ist Barthels Mutter, Gertrud Schink, wohnhaft Keplerstraße 33.

4. September 1954
Die Stadt Köln antwortet Gertrud Schink:
«Ich nehme höflichst Bezug auf Ihren Antrag auf Anerkennung als Verfolgter des NS-Regimes und bitte hierzu die als Anlage überreichten Vordrucke ausgefüllt, unterschrieben und ggfls. mit dem erforderlichen Beweismaterial bis spätestens zum 30. 9. 54 zurücksenden zu wollen. Da für die Gewährung einer Entschädigung auf Grund des Bundesergänzungsgesetzes vom 18. 9. 1953 eine besondere Anerkennung als Verfolgter nicht mehr gefordert wird, bitte ich um Mitteilung, ob Sie Ihren Antrag vom 26. 11. 52 auf Anerkennung als Verfolgter zurückziehen und lediglich eine Entschädigung nach vorstehend genanntem Gesetz beantragen oder ob Sie beide Anträge (Anerkennung und Entschädigung nach Bundesergänzungsgesetz) erledigt zu haben wünschen...»

10. September 1954
Gertrud Schink antwortet der Stadt Köln:
«Sehr geehrter Herr... Es liegt mir sehr am Herzen, daß mein Sohn als politisch Verfolgter anerkannt wird, denn er war damals noch

Betr.: Antrag auf Wiedergutmachung

ein Kind; er starb am Galgen seiner politischen Gesinnung wegen ... Ferner lege ich nochmals die Geburts- und Sterbeurkunden meines Sohnes Bartholomäus bei und möchte gerne hoffen, daß Sie mir zu meinem Recht verhelfen ... Mit freundlichen Grüßen.»

11. Februar 1955
Die Stadt Köln an Gertrud Schink:
«Sehr geehrte Frau Schink ... Ich bestätige den Eingang Ihres Schreibens ... Damit Ihr Antrag auf Gewährung einer Hinterbliebenenrente erfolgreich bearbeitet werden kann, bitte ich um Vorlage konkreten Beweismaterials, daß Ihr Sohn Bartholomäus am 10. 11. 1944 in Köln-Ehrenfeld aufgrund seiner politischen Überzeugung hingerichtet worden ist. Da angenommen wird, daß Ihnen die Beweisführung lediglich aufgrund von Zeugenerklärungen möglich ist, weise ich hiermit darauf hin, daß die Richtigkeit der Unterschriften bei diesen Erklärungen amtlich beglaubigt werden muß ...Sobald der Nachweis, daß Ihr Sohn wegen seiner politischen Überzeugung hingerichtet wurde, erbracht ist, werde ich Ihren Antrag unverzüglich bearbeiten und zur Entscheidung weiterleiten ...»

23. Mai 1955
Stadt Köln an Gertrud Schink:
«Sehr geehrte Frau Schink ... Damit Ihr Antrag auf Gewährung einer Hinterbliebenenrente erledigt werden kann, bitte ich höflichst um Vorlage der mit meinem Schreiben vom 11. 2. 55 angeforderten Unterlagen ...»

22. März 1956
Stadt Köln an Gertrud Schink:
«Sehr geehrte Frau Schink ... In Erledigung Ihrer Anfrage vom 14. 3. 56 teile ich mit, daß Ihr Antrag auf Wiedergutmachung vorerst nicht abschließend bearbeitet werden kann, da die hierfür erforderlichen Beweisunterlagen in einem ähnlich gelagerten Fall an die Staatsanwaltschaft Köln abgegeben werden mußten. Sobald die Akten zurückgegeben werden, erfolgt die abschließende Bearbeitung des Antrages ...»

28. Februar 1957
Stadt Köln an Gertrud Schink:
«Sehr geehrte Frau Schink ... Ich bedauere sehr, Ihnen auch heute wieder mitteilen zu müssen, daß ohne die im Jahre 1944 von der Staatsanwaltschaft Köln über den sogenannten ‹Ehrenfelder Fall› angelegte Akte über Ihren Antrag nicht entschieden werden kann. Wie Ihnen bereits mitgeteilt, wurde diese Akte im Oktober 1956 dem Herrn Regierungspräsidenten Köln auf Anforderung zugeleitet, da der Vorgang zur Erledigung eines Beschwerdeverfahrens benötigt wurde. Ich habe heute versucht, die Akte zurückzuerhalten. Sobald die Unterlagen hier wieder vorliegen, erfolgt die Vorlage Ihres Antrages bei der Entschädigungsbehörde ...»

24. Juni 1957
Gertrud Schink an die Stadt Köln:
«Sehr geehrter Herr ... Was kann ich tun, daß ich meine Akte wiederbekomme? Seit dem Jahre 1952 versuche ich, meinen Sohn Bartholomäus Schink als politisch Verfolgten anerkennen zu lassen, bis heute, 1957, stehe ich vor einer Mauer, die nicht zu überspringen ist ... Ich bitte Sie nun ... falls es Ihre Zeit erlaubt, nur einmal ausführlicher zu schreiben, warum, wieso, weshalb? ... Es war schwer, meinen Sohn, der erst 16 Jahre zählte, zu verlieren. Aber unüberbrückbar scheint mir der Weg zu sein, meinen Sohn als politisch Verfolgten anzuerkennen. Warum? Hochachtungsvoll ...»

8. Juli 1957
Die Stadt Köln an Gertrud Schink:
«Sehr geehrte Frau Schink ... In Beantwortung Ihres Schreibens vom 24. 6. 1957 stelle ich zunächst einmal richtig, daß in den Schreiben vom 4. 7. 1956 und 28. 2. 1957 nicht die Rede vom Versand der Akte Ihres Sohnes ist, sondern von der Gerichtsakte über den ‹Ehrenfelder Fall›. Diese Akte, die bei der Oberstaatsanwaltschaft in Köln 1944 entstand und die auch Aufzeichnungen über Ihren Sohn enthält, wird in einem gleichgelagerten Fall bei der Staatsanwaltschaft Köln benötigt. Es wurde versucht, die Akte zurückzuerhalten, jedoch bis heute leider ohne Erfolg ... Beim hiesigen Amt befinden sich zur Zeit nur die hier entstandene und die Akte der Staatlichen Kriminalpolizei über die Strafanzeige, die Sie am 14. 7. 1944

gegen Barthel Schink und andere erstattet haben ... Ich bedauere, Ihnen erneut mitteilen zu müssen, daß ich den Antrag ohne die Akte der Oberstaatsanwaltschaft aus dem Jahre 1944 nicht weiterreichen kann ...»

16. August 1962
Der Kölner Regierungspräsident an Gertrud Schink:
«... ergeht auf Grund des Bundesgesetzes zur Entschädigung für Opfer der nat.-soz. Verfolgung ... folgender Bescheid: Der geltend gemachte Anspruch für Schaden an Leben wird abgelehnt. Die Entscheidung ergeht gebühren- und auslagenfrei. Entstandene Kosten und Auslagen werden nicht erstattet ...»

10. November 1966
Am Hinrichtungsplatz, Ecke Hütten-/Schönsteinstraße in Köln-Ehrenfeld, steht Walter Kuchta. Kuchta saß als Widerstandskämpfer viele Jahre in den KZs und Zuchthäusern der Nazis. Seit dem Ende des Krieges arbeitet er an der Aufklärung nationalsozialistischer Verbrechen. Um seinen Hals hängt ein Plakat mit der Aufschrift: «Wann kommen die Henker vor Gericht?»

1969
Der Kölner Antifaschist Sammy Maedge entdeckt zufällig im Keller des Rentenamtes in der Elisenstraße Inschriften, die, wie sich herausstellt, von ehemaligen Häftlingen in den Kalk der Wände gekratzt wurden. Das Rentenamt ist im Gebäude des ehemaligen Gestapohauptquartiers untergebracht. Die Folterzellen sind erhalten geblieben.

25. Oktober 1970
Unter der Losung «Wir Kölner werden die Morde nicht vergessen» versammeln sich mehrere hundert Menschen am Hinrichtungsplatz zu einer Kranzniederlegung und Mahnwache. Aufgerufen hat die VVN-Vereinigung der Verfolgten des Naziregimes.

17. Oktober 1970
Walter Kuchta schreibt einen Brief an den Kölner Oberbürgermeister Burauen und den Oberstadtdirektor Mohnen. Er regt die Anbringung eines Gedenksteines zu Ehren der ermordeten Ehrenfelder sowie der am 25. Oktober öffentlich hingerichteten ausländischen Zwangsarbeiter an.

Oktober 1970
Das Echo von städtischer Seite ist positiv. Das Büro des Oberstadtdirektors will die Sache «auf einer größeren Basis in Angriff nehmen».

Gerhart Baum, als Fraktionsvorsitzender der FDP im Kölner Rat, will sich, wie er Walter Kuchta mitteilt, gegenüber OB und Oberstadtdirektor unterstützend einsetzen.

10. November 1970
Ein Protestzug mit 3000 Teilnehmern zieht durch Ehrenfeld zum Hinrichtungsplatz in der Hüttenstraße. An der Spitze marschiert eine Schalmeienkapelle. An der Demonstration beteiligen sich die Jugendorganisationen Falken, Naturfreundejugend, Sozialistische Deutsche Arbeiterjugend (SDAJ) und Spartakus.

23. Mai 1978
In der Fernsehsendung Monitor des Westdeutschen Rundfunks wird der Kölner Regierungspräsident gefragt, ob er den ablehnenden Bescheid aus dem Jahr 1962 inzwischen revidieren könne.

Die Antwort: «Auch bei der jetzt erneut vorgenommenen Durchsicht der noch vorhandenen Unterlagen läßt sich ein überzeugender Beweis für eine politische Gegnerschaft nicht ermitteln. Da Sie mir aber mitteilen, daß für Historiker die Rolle der Edelweißpiraten im Dritten Reich als Teil der politischen Opposition mittlerweile unbestritten sei, wäre ich Ihnen verbunden, wenn Sie mir die entsprechenden Unterlagen zur Verfügung stellen könnten. Ich bin gerne bereit, die Angelegenheit erneut zu überprüfen...»

10. November 1978
An der Ecke Hüttenstraße/Venloer Straße sind mehr als 1000 Einwohner aus vielen Kölner Stadtteilen dem Aufruf der «Kölner Initiative für die Anerkennung der Ehrenfelder Widerstandskämpfer» und gegen Neofaschismus und Rechtsradikalismus gefolgt. Am Ort der Ermordung der 13 Ehrenfelder durch die Gestapo werden folgende Forderungen erhoben:
1. Anerkennung der Widerstandsgruppe «Edelweißpiraten» und anderer Widerstandskämpfer, die mit der Gruppe zusammenarbeiteten
2. Umbenennung des «Grüner Weg» in Ehrenfeld in «Bartholomäus-Schink-Straße»

Kritische Überprüfung der Behörden, die mit Fragen der Anerkennung und Wiedergutmachung befaßt sind, sowie der von ihnen getroffenen Entscheidungen
4. Auflösung der SS-Traditionsverbände (HIAG)[21]
5. Unterbindung jeglicher NS-Propaganda
6. Keine Verjährung von NS- und Kriegsverbrechen

30. März 1979
Die Ehrenfelder Gruppe der SDAJ nimmt symbolisch die Umbenennung der Straße «Grüner Weg» in «Bartholomäus-Schink-Straße» vor. Anrückende Streifenwagen der Polizei entfernen die dort angebrachte Holztafel, stellen die Personalien der Jugendlichen fest und drohen mit einer Anzeige wegen «Vergehens gegen das Landesstraßengesetz».

2. November 1979
Anläßlich einer Rede zur Eröffnung einer Ausstellung von Dokumenten zur Deportation französischer Juden sagt der nordrhein-westfälische Wissenschaftsminister Prof. Dr. Reimut Jochimsen unter anderem:
«In der juristischen Frage der Einordnung dieser Handlungen kann ich nichts Neues beitragen. Aber ich kann nachempfinden, daß dies bei den Angehörigen Wut, Enttäuschung und neue Trauer erzeugt hat ...»

9. November 1979
Aus Anlaß einer Veranstaltung zum Gedenken an die «Reichskristallnacht» in der neuerbauten Kölner Synagoge wird der Bundespräsident mit dem Widerstand der Edelweißpiraten konfrontiert und um eine Stellungnahme gebeten.

Das Bundespräsidialamt antwortet: «Über den von Ihnen angesprochenen Fall hat sich der Herr Bundespräsident bei der Vorbereitung der Veranstaltung am 9. November 1979 in der Kölner Synagoge eingehend unterrichten lassen. Er ist hierbei zu dem Ergebnis gekommen, daß gar kein Zweifel an dem verbrecherischen Charakter der Gruppe bestehen kann ...»

30. Januar 1980
Im Theatersaal der ehemaligen Schokoladenfabrik Stollwerck findet eine Veranstaltung unter dem Titel «Die Edelweißpiraten stellen sich vor» statt. In der Einladung heißt es:

«Ehrenfelder Edelweißpiraten ... 1944 öffentlich erhängt von Lischkas Nachfolgern, weil sie ausgebeuteten und verhungerten russischen, polnischen und französischen Fremdarbeitern geholfen hatten, weil sie Juden vor der Gaskammer erretteten, weil sie Soldaten versteckten und ernährten, die Hitlers verbrecherischen Krieg nicht mehr mitmachen wollten, weil sie den Terror der Gestapo bekämpften ... 1980 von Behörden immer noch als Verbrecher diffamiert ...»

Der Dichter Erich Fried liest Gedichte über die Edelweißpiraten. De Plaat, Fän, Krumm, Gitarren-Jonni und andere überlebende Edelweißpiraten singen ihre Lieder: «Hei, wie die Fahrtenmesser blitzen und die Hitlerjungen flitzen ...»

11. Oktober 1980
Premiere des Theaterstücks «Edelweißpiraten sind treu» des Schauspiels Köln. Im Begleittext heißt es: «Schauspieler sowie Mitarbeiter, die sich zusammen mit Jürgen Flimm (Kölner Schauspieldirektor/d. Aut.) mit den Gestapoakten über die Erhängten und mit den Erinnerungen der überlebenden Kölner Edelweißpiraten auseinandergesetzt haben, sehen sich ihrer eigenen Geschichte, ihrer persönlichen Vergangenheit beziehungsweise dem, was ihnen «von damals» erzählt worden war, gegenüber. Sie sind mitbetroffen in jedem Schritt ihrer Arbeit ...»

Die Behörde spricht

Daß die Edelweißpiraten noch immer nicht als Widerstandskämpfer anerkannt sind, liegt an den gesellschaftlichen Zuständen, die es möglich machen und machten, daß hohe und höchste Funktionsträger des nationalsozialistischen Systems nahezu nahtlos in hohe und höchste Ämter der neuen Bundesrepublik Deutschland gelangen konnten.

Es gibt allerdings auch eine ganz einfache Erklärung. Die erfuhr der Autor im November 1980 in einem Gespräch mit dem Dezernatsleiter des Bereichs «Wiedergutmachung» beim Regierungspräsidium Köln, Dr. Dette. Das Interview ist nach Meinung des Autors zugleich das Psychogramm einer deutschen Behörde.

A. G.: Herr Dr. Dette, Ihr Amt hat bisher die Anerkennung der Edelweißpiraten als politische Widerstandskämpfer, die Anerkennung Bartholomäus Schinks als Symbolfigur der am 10. November 1944 Erhängten abgelehnt. Bleiben Sie bei dieser Ablehnung?

Dette: Hier muß zur Klarstellung zunächst mal auf folgendes hingewiesen werden: Hier ist nie eine Entscheidung getroffen worden über Anerkennung oder Nichtanerkennung von Edelweißpiraten. Hier sind lediglich Entscheidungen getroffen worden, ob bestimmten Anträgen auf Zubilligung von Geldleistungen entsprochen werden konnte. Und zwar Geldleistungen, die nach dem BEG (Bundesentschädigungsgesetz / A.G.) zu bewilligen sind. Und im Rahmen dieser Bescheide spielt selbstverständlich eine Rolle, ob von einem politischen Widerstand im Sinne des Bundesentschädigungsgesetzes ausgegangen werden kann oder nicht. Und dabei ist noch auf folgendes hinzuweisen: Diese ganzen Verfahren liegen ja schon viele Jahre zurück. 57/58 ist damit die Behörde beschäftigt worden, und seinerzeit ist über diese Fragen entschieden worden, und zwar bis zum Oberlandesgericht Köln. Das war 1962. Und in diesem Verfahren ist damals die Auffassung vertreten worden, daß die Voraussetzungen des BEG hier nicht vorliegen. Wobei ich noch auf eines hinweisen muß: Eine Voraussetzung für die Zubilligung von Geldleistungen ist es, daß jemand von den Machthabern des nationalsozialistischen Regimes als politischer Gegner verfolgt wurde; es kam also nach der Intention des Gesetzgebers, nicht nach der Intention des Regierungspräsidenten, darauf an, ob jemand in dieser Eigenschaft von den damaligen Machthabern verfolgt worden ist. Das ist ein wesentlicher Gesichtspunkt. Und dort ist dann Ende der fünfziger, Anfang der sechziger Jahre die Auffassung vertreten worden, das sei nicht der Fall. Und die Gerichte haben sich dieser Auffassung angeschlossen.

A. G.: Halten Sie diese Ansicht auch heute noch aufrecht?

Dette: Ich muß darauf hinweisen, folgendes zu bedenken: Diese Bescheide haben, wie es so im Juristendeutsch heißt, Bestandskraft, das heißt, sie sind abgeschlossen. Man hat sich dazu bekannt, daß nach einer bestimmten Zeit jeder Vorgang abgeschlossen sein muß ohne Rücksicht darauf, ob er mal richtig entschieden worden ist.

A. G.: Aber es geht doch gar nicht um finanzielle Entschädigung. Die Schwester Bartholomäus Schinks hat erklärt, daß sie bereit wäre, auf jede finanzielle Entschädigung zu verzichten, wenn dadurch die politische Rehabilitierung erreicht werden könnte.

Dette: Ja, das liegt aber nicht in der Kompetenz dieser Behörde. Das Hauptmoment liegt in der finanziellen Wiedergutmachung. Das andere sind Vorfragen.

A. G.: Also bleibt es dabei: Die Edelweißpiraten gelten weiter als Kriminelle. Könnte Ihr Amt nicht eine Art Signal geben, das die unerträgliche Einschätzung, daß diese Jungen Kriminelle waren, aufheben würde?

Dette: Die Macht, eine Erklärung abzugeben, wie Sie das eben angeschnitten haben, ist mir nicht gegeben. Es ist übrigens niemals eine Erklärung abgegeben worden, daß es sich hier um Verbrecher handelt, sondern es heißt: «Der Antrag auf Entschädigung wird abgelehnt.»

A. G.: Warum ist er abgelehnt worden?

Dette: Er ist abgelehnt worden, weil der Widerstand im Sinne des BEG verneint worden ist.

A. G.: Wie ist die Definition des BEG?

Dette: Nach dem BEG bekommt jemand Entschädigung, der wegen seiner Rasse verfolgt wurde. Das ist bei allen Juden der Fall, da wird einfach impliziert, das sind rassisch Verfolgte. Bei den Personen, die unter diese Kategorie nicht fallen, von denen muß der Nachweis erbracht werden, daß sie von den Verfolgern als politische Gegner angesehen worden sind.

A. G.: Aber genau das geht doch aus den Dokumenten, die sicher auch Ihnen bekannt sind, hervor.

Karoline Banten

Dette: Eben nicht. Es hat ja einen großen Streit gegeben, ob man diese Akten überhaupt benutzen kann. Darüber gingen die Meinungen auseinander. Es wurde gesagt, Gestapo-Akten sind von vornherein zu verwerfen. Andere sagten, das könne man so nicht tun. Es gab wieder eine andere Auffassung, das aufzuschlüsseln, den einen Teil wohl, den anderen nein ...

A. G.: Ihnen muß doch bekannt sein, daß zahlreiche Gestapo-Akten aussagen, daß es sich hier, insbesondere bei der Ehrenfelder Gruppe, um eine «politisch-oppositionelle» Gruppe gehandelt hat.

Dette: Eben nicht.

A. G.: Herr Dr. Dette, selbstverständlich handelt es sich bei diesen Akten nicht um das, was damals öffentlich zu diesen Gruppen gesagt worden ist, zum Beispiel in öffentlichen Prozessen, sondern es handelt sich um Akten, wie Ihnen doch bekannt sein muß, die die Aufschrift «Streng geheim» oder «Geheime Kommandosache» trugen.

Dette: Die kenne ich nicht. Alle Dokumente, die mir vorliegen, gehen in diese Richtung nicht. In dem Abschlußbericht, den ich kenne, steht drin, es handelte sich nicht um politische Täter ...

A. G.: Es gibt also Akten, die Sie nicht kennen. Rechtfertigt das nicht eine Wiederaufnahme?

Dette: Diese Verfahren sind inzwischen 20 Jahre beendet. Es hat einen Streit darüber gegeben ... das gibt es bei einer Reihe von Verfahren durchaus. Aber nicht bei Antragsverfahren auf Zahlung von Geldleistungen. Da bedarf es eines Antrages, und selbst wenn ich erklären würde trotz der Bestandskraft, die vor 20 Jahren eingetreten ist, könnte es wieder aufgeworfen werden, dann müßte ich dazu immer noch einen Antrag haben.

A. G.: Der Antrag ist doch gestellt worden beziehungsweise erneuert worden.

Dette: Eben nicht. Es liegt hier kein Antrag der Mutter vor.

A. G.: Die Mutter von Bartholomäus Schink ist tot.

Dette: Oh, das wußte ich nicht. Es ist zwar, wie ich vor kurzem gesehen habe, ein Antrag der Schwester vorgelegt worden, nur, die Schwester hat gar kein Antragsrecht, auch unabhängig von eingetretener Bestandskraft, und zwar aus zweierlei Gründen: Bei ihr wäre es ein völlig neuer selbständiger Antrag. Den könnte ich gar nicht positiv bescheiden, weil bei ihr jegliche Antragsfrist, wie es der Gesetzgeber vorgeschrieben hat, bereits seit dem 31. 12. 1959 abgelaufen ist. Aber selbst wenn man diese Frist, die nicht überschreitbar ist, weil sie eine absolute Barriere bildet, selbst wenn man diese Frist als nicht wesentlich betrachten würde, käme auch nichts heraus, weil die Schwester keinen Anspruch hat...

A. G.: Herr Dr. Dette, noch einmal, es geht nicht um Finanzielles, sondern darum, daß Barthel Schink auch in den Behördenakten nicht mehr als Verbrecher gilt. In der Öffentlichkeit ist man längst zu dieser Ansicht gekommen, man bezieht sich dabei nicht nur auf die Geheimakten der Gestapo und anderer Nazi-Dienststellen, sondern besonders auch auf die Zeitzeugen, auf die Aussagen ehemaliger Edelweißpiraten...

Dette: Herr Goeb, darüber kann man sich unterhalten, dazu kann man gut diese oder jene Auffassung vertreten, aber die Frage, ob das mit Ja oder Nein zu beantworten ist, kann niemals ein Bescheid dieser Behörde sein.

A. G.: Warum sind die von mir angesprochenen Aussagen und Akten nicht berücksichtigt worden? Weshalb hat man sich statt dessen auf Aussagen verurteilter, ehemaliger Folterknechte der Nazis gestützt?

Dette: Ja, aber wenn Sie in die Akten gucken, werden Sie feststellen, daß die Tatsache, daß es sich um ehemalige Gestapoleute gehandelt hat, nicht negiert worden ist, sondern es heißt da ausdrücklich drin, das Gericht war sich bewußt, daß es sich hier um die Aussagen der

Verfolger handelte und daß deren Aussagen mit der gebotenen Zurückhaltung, und zwar mit erheblicher Zurückhaltung, berücksichtigt werden müssen.

A. G.: Warum hat man sich auf diese Aussagen gestützt und niemals auch nur im Ansatz auf die Aussagen der Betroffenen selbst?

Dette: Das ist nicht ganz zutreffend. Es sind damals Angehörige von anerkannten Widerstandsgruppen gehört worden, die haben erklärt, die hätten keine Widerstandsgruppe in diesem Bereich gekannt.

A. G.: Wie kommt es, daß eine breite Öffentlichkeit das alles offenbar anders sieht, es gibt kaum einen Pressebericht oder Buchveröffentlichung, die Ihre Auffassung teilt. Das Ensemble des Schauspiels Köln erarbeitete auf der Basis des von mir erwähnten Materials ein engagiertes Theaterstück, historische Untersuchungen mit eindeutigem Schluß liegen vor, zahlreiche Persönlichkeiten haben sich in gleicher Weise erklärt, zum Beispiel der Botschafter der Bundesrepublik in Rumänien, Michael Jovy, zum Beispiel Professor Klug ...

Dette: Mit Professor Klug habe ich diskutiert. Dabei habe ich festgestellt, daß seine Sachkenntnisse nicht sehr hoch eingeschätzt werden konnten. Er hatte sich mit der Sache im Detail nicht sehr konkret befaßt, selbst mit der juristischen Seite nicht. Denn ich fand es doch bemerkenswert, daß jemand erklärt, daß ein Antrag gar nicht nötig sei, das ist nun einmal eine Voraussetzung, die jeder Sachbearbeiter kennt.

Es ist noch etwas anderes. Wenn ich die politische Motivation unterstelle, was möglich ist, dann kommt unter das BEG ein ganz besonderer Gesichtspunkt, der auch von Bundesgerichtshofentscheidungen immer wieder herausgestellt worden ist, noch zum Zuge. Nicht jede Tat, die politisch motiviert ist, führt auch zu einer Anerkennung im Sinne des BEG. Wenn es um die Tötung von Menschenleben geht, muß immer sehr sorgfältig davon ausgegangen werden, ob es überhaupt einen Erfolg hat, nicht nur, daß ich jemand umbringe, sondern zur Beseitigung des Unrechtssystems ...

A. G.: Sie sehen also, abschließend gefragt, keine Möglichkeit zu einem Signal, das de facto – nicht juristisch – auf eine Rehabilitierung der Edelweißpiraten und Barthel Schinks hinausliefe?

Dette: Wie soll das geschehen? Sie werden sagen, was für ein bürokratisches Ding. Das mag vielleicht auch so erscheinen. Aber Sie müssen sich klarmachen, es ist eine Behörde, die Bescheide erläßt und auch nur über Bescheide zu sprechen hat. Sie kann nur Bescheide über ein Gebiet erlassen, was im Rahmen ihrer Kompetenz liegt, und im Rahmen ihrer Kompetenz liegt nicht, einen Bescheid zu erlassen, der zum Inhalt hat, es handelt sich bei Herrn XY um einen Widerstandskämpfer ...

Ein Bürokrat hat gesprochen.
Der Widerstand der Kölner Arbeiterjugend wird nicht offiziell anerkannt. Die Edelweißpiraten sind keine Widerstandskämpfer. So haben amtliche Stellen beschlossen.

Der politische Charakter ihres Kampfes wird nicht anerkannt, weil er sich angeblich nicht eindeutig genug belegen läßt, weil viele Taten der Edelweißpiraten statt dessen als kriminell gewertet werden. Dabei wird nur allzugern vergessen, daß die einzigen Dokumente über die Edelweißpiraten die Akten ihrer Feinde, der Gestapo, sind. Die Tatsache, daß diese Jugendlichen von der Gestapo, das heißt von der politischen Polizei, nicht etwa von der Kriminalpolizei, verhört wurden, zeigt deutlich, daß die Edelweißpiraten von den Machthabern des Dritten Reiches als politische Kraft und Bedrohung angesehen wurden.

Heute heißt es, ein politisches Konzept der Edelweißpiraten sei nicht erkenntlich. Von Arbeiterjugendlichen in Bartholomäus Schinks Alter in einer so wirren Zeit ein klar definiertes politisches Programm zu erwarten, ist wohl illusionär.

Und was war in der damaligen Zeit kriminell? Schon eine illegale Organisation, Unterstützung von Zwangsarbeitern sowieso, Hilfe für verfolgte Juden in jedem Fall.

Wenn man heute von Widerstand im Dritten Reich redet, denkt man vor allem an die Offiziere des 20. Juli 1944 und an die Geschwister Scholl. Aber nicht an die Edelweißpiraten. Dabei spielt auch das bei uns immer noch weit verbreitete Geschichtsverständnis eine Rolle: Geschichte wird von großen Männern gemacht, von bedeutenden Persönlichkeiten, von Intellektuellen, von Menschen aus privilegierten Kreisen.

Aber nicht von Arbeiterjugendlichen. Die werden ignoriert, als jugendliche Banden, Kriminelle abgestempelt.

Und auch deshalb werden die Edelweißpiraten nicht als Widerstandskämpfer anerkannt. Es gibt sogar ehemalige Edelweißpiraten, die heute nicht mehr wagen, sich in der Öffentlichkeit dazu zu bekennen.

Daran hat bisher auch das Engagement einer ganzen Gruppe von Menschen trotz aller Bemühungen nichts ändern können. Es ist zu hoffen, daß die Gruppe immer größer wird und nicht mehr überhört werden kann.

Denn wie sollen junge Menschen heute Demokratieverständnis lernen, wenn der Kampf von Jugendlichen im Dritten Reich als kriminell diffamiert wird?

Anmerkungen

1. Sammelbewegung politisch und konfessionell nicht gebundener Jugendverbände, die in Opposition zu Schule und Familie mit Wanderungen, Lagerleben, Pflege von Volkstanz und -lied, jugendlicher Kleidung ihre eigene Kultur zu verwirklichen suchte.
2. Abkürzung für «Nationalsozialistische Deutsche Arbeiterpartei». Sie gewann seit 1919 in steigendem Maß Einfluß, war seit 1930 eine starke Partei, bestimmte 1933–1945 die Politik Deutschlands und fand 1945 durch den Zusammenbruch Deutschlands ihr Ende.
3. Abkürzung: HJ. Jugendorganisation der NSDAP. 1926 als Untergruppe der SA (siehe Anmerkung 8) gegründet. Untergliederung: Deutsches Jungvolk (DJ), für Zehn- bis Vierzehnjährige. Ab 1939 war für vierzehn- bis achtzehnjährige Jungen die Mitgliedschaft Pflicht. Der Dienst in der HJ bestand in massiver Beeinflussung im Sinne des Rassen- und Herrenmenschenwahns der Nazis und im militärischen Drill. Ab 1944 rekrutierten die Nazis auch Angehörige der HJ für den regulären Militärdienst.
4. Gestapo, von 1933–1945 die politische Polizei des NS-Regimes. Die Gestapo war ein von der allgemeinen Polizei getrennter Apparat und besaß schrankenlose Machtbefugnisse. Ab 1934 geleitet von Reinhard Heydrich, ab 1942 von Erich Kaltenbrunner. Im Nürnberger Prozeß 1946 zur verbrecherischen Organisation erklärt.
5. Bund Deutscher Mädel, Pendant zur Hitlerjugend. DJM = Deutsches Jungmädel für Zehn- bis Vierzehnjährige.
6. Schutzstaffel, von Heinrich Himmler und Adolf Hitler schon 1925 gegründete Organisation, angelegt als eine Art Elite-Orden, anders als die SA (siehe Anmerkung 8), die sich mehr auf die Anbindung der proletarischen Massen an die Nazi-Bewegung orientierte. Bis 1934 stand die SS im Schatten der SA. Nach der Ausschaltung von Ernst Röhm (Führer der SA) und seiner Anhänger nahm die Bedeutung der SA ständig ab, während die SS Himmlers zur mächtigsten Organisation des NS-Regimes wurde. Die Völkermord-Verbrechen der Nazis entstanden auf den Schreibtischen der SS und wurden durch SS-Angehörige ausgeführt.
7. «Reichskristallnacht», Pogromnacht vom 9./10. November 1938 gegen die Juden, als Ausbruch spontaner Volkswut deklariert, aber in Wirklichkeit von den Nazis sorgsam geplant. Anlaß war das Attentat auf den Gesandtschaftsrat Ernst vom Rath (siehe Anmerkung 9).

Die generalstabsmäßige Planung ist durch ein geheimes Fernschreiben der Gestapo belegt, in dem es u. a. bezogen auf Köln hieß: «In der Synagoge Köln befindet sich besonders wichtiges Material. Dies ist durch schnellste Maßnahme im Benehmen mit dem SD sofort sicherzustellen.» In der Morgendämmerung des 10. November ging ein Fernschreiben an den Reichsfeldmarschall Göring mit folgendem Inhalt: «An Synagogen wurden 191 in Brand gesteckt, weitere 76 vollständig demoliert. Ferner wurden 11 Gemeindehäuser, Friedhofskapellen und dergleichen in Brand gesetzt und weitere 3 völlig zerstört. Festgenommen wurden rund 30000 Juden, ferner 7 Arier und 3 Ausländer. Letztere wurden zur eigenen Sicherheit in Haft genommen.

8. Sturmabteilung; halbmilitärische Organisation. Siehe SS, Anm. 6.
9. Gesandtschaftsrat des nationalsozialistischen Regimes in Paris. Er wurde 1938 durch ein Attentat getötet. Die Tötung vom Raths war für die Nazis das Startzeichen für die Inangriffnahme der «Endlösung der Judenfrage».
10. Ab 1938 Generalfeldmarschall. Er hatte im Dritten Reich zahlreiche militärische und zivile Ämter inne, z. B. Preußischer Innenminister und Ministerpräsident, Reichskommissar für die Luftfahrt, Oberbefehlshaber der Luftwaffe, Reichsluftfahrtminister.
Zu Beginn des Zweiten Weltkrieges zweiter Mann in der NS-Hierarchie. Als Flieger war Göring am Ende des Ersten Weltkrieges Kommandant des Jagdgeschwaders Richthofen, was ihm in der Weimarer Zeit und auch später eine gewisse Popularität eintrug. Wegen seines Lebenswandels (Kokain- und Morphiumsucht, Frauenaffären) wurde Göring in den zwanziger Jahren aus dem vornehmen Traditionsverband des Richthofen-Geschwaders ausgeschlossen. Hitler ließ Göring gegen Ende des Krieges verhaften, weil dieser ihm die Führung streitig machen wollte. Göring gelang jedoch die Flucht. Am 8. Mai 1945 wurde er von US-Offizieren in Schloß Fischhorn am Zeller See verhaftet. Göring wurde vor den Nürnberger Gerichtshof gestellt und beging vor seiner Hinrichtung Selbstmord durch Einnahme von Gift.
11. Regionalausgabe des Parteiorgans «Völkischer Beobachter» für das Rheinland.
12. 1940 für kurze Zeit Gestapo-Chef von Köln, danach ab 1. November 1940 in Paris. Dort hatte er u. a. folgende Funktionen inne: Ständiger Vertreter des Befehlshabers der Sicherheitspolizei und des SD Paris, Seine et Oise und Seine et Marne, Leiter der Abteilung II des Befehlshabers der Sicherheitspolizei, verantwortlich insbesondere für Polizeiangelegenheiten, für Aufbau und Überwachung von Kollaboration mit der französischen Polizei, Überwachung der Internierungslager und der Hinrichtung von Geiseln. Lischka war enger Mitarbeiter Adolf

Eichmanns in Paris und maßgeblich an Juden-Deportationen aus Frankreich beteiligt. Zuletzt Obersturmbannführer. 1950 wurde Lischka wegen Teilnahme an der Massenvernichtung von französischen Juden in Frankreich zu Zuchthaus, lebenslänglich, verurteilt. Er wurde aber von der BRD nicht ausgeliefert. Lischka lebte jahrelang unbehelligt unter seinem richtigen Namen als Prokurist einer Großhandelsfirma in Köln. Erst im Februar 1980 wurde er in Köln zu 10 Jahren Haft verurteilt.

13. Sicherheitsdienst: politischer Überwachungsapparat der SS
14. Abkürzung KZ, auch KL; ursprünglich Internierungslager, erstmals von den Spaniern während der Revolution 1895 auf Kuba sowie von den Briten im Burenkrieg errichtet. In Deutschland 1933 nach dem Reichstagsbrand errichtet. Unter Berufung auf die «VO zum Schutz von Volk und Staat» wurden Kommunisten und Sozialdemokraten, rassisch Verfolgte, besonders Juden, sowie andere Gegner des Nationalsozialismus willkürlich verhaftet oder offiziell in Schutzhaft genommen. Übermäßige Zwangsarbeit, Hunger, Seuchen, unzulässige medizinische Versuche verursachten eine hohe Sterblichkeit. Die Zahl der KZ stieg nach Kriegsausbruch bis 85. Den Höhepunkt des Terrors bildeten Vernichtungslager im Zuge der «Endlösung der Judenfrage» (Auschwitz, Maidanek, Treblinka u. a.), die ausschließlich der Ausrottung von Juden, russischen Kriegsgefangenen und anderen Insassen dienten.
15. KPD, gegründet am 1. Januar 1919. Führende Persönlichkeiten waren Rosa Luxemburg und Karl Liebknecht, die noch im gleichen Jahr durch Mitglieder der Freikorps der Reichswehr ermordet wurden. Vorsitzender der KPD ab 1925 war Ernst Thälmann, der zuvor der Hamburger USPD (Unabhängige Sozialisten, linke Abspaltung von der SPD) angehörte. Bei der Reichspräsidentenwahl 1925 erhielt der KPD-Kandidat Ernst Thälmann, Seemann, Arbeiter im Hamburger Hafen, aktiver Gewerkschafter, 5 Millionen Stimmen (13,2%). Der Einzug der rechtmäßig am 5. März 1933 gewählten 81 KPD-Abgeordneten des Reichstages wurde durch die Nazis verhindert. Mitglieder der KPD wurden im Dritten Reich verfolgt und konnten nur im Untergrund arbeiten.
16. Stadt an der Wolga, heute Wolgograd. Am 31. Januar 1943 endete hier endgültig der Vormarsch der Hitler-Armee durch die Sowjetunion. Im Keller eines zerstörten Warenhauses unterzeichnete der Oberkommanerende der 6. Armee, Feldmarschall Paulus, die Kapitulation. Er, 23 weitere Generäle sowie 90 000 Soldaten gerieten in Gefangenschaft. Zuvor hatte Hitler trotz 40 Grad minus, Hunger, Seuchen und Erfrierungen das Halten Stalingrads um jeden Preis gefordert. Als Folge verbluteten 200 000 deutsche Soldaten sinnlos in den Ruinen der Stadt. Die

vernichtende Niederlage an der Wolga leitete die militärische Niederschlagung des faschistischen Regimes Deutschland ein.
17. Voller Name: Michael Jovy. In den dreißiger Jahren Jugendleiter der Bündischen Jugend. Wegen «Hochverrats» jahrelang im Zuchthaus Siegburg inhaftiert. Kontaktperson zu den Kölner Edelweißpiraten, die über ihn zahlreiche bündische Lieder erhielten, die dann z. T. umgetextet wurden. Der Kontakt entstand über den gleichfalls (als Kommunist) in Siegburg inhaftierten Vater des Edelweißpiraten Schäng. Zur Zeit ist Dr. Michael Jovy Botschafter der Bundesrepublik in Rumänien.
18. Die Aussage von Bomben-Hans, so wie sie in den Akten der Gestapo steht, deckt sich nicht in allen Punkten mit der Schilderung der Ereignisse, so wie sie dem Autor von Überlebenden und Zeugen der Zeit geschildert wurden.
19. Nach der Gründung in Moskau und Paris kam es im Sommer 1943 auch in Köln zur Gründung eines regionalen Komitees dieser Bezeichnung. Die Hauptaufgabe der Widerstandsorganisation bestand in der Herstellung von Wurfzetteln und Soldatenbriefen, die helfen sollten, den Krieg schneller zu beenden. Zwischen dem Kölner Nationalkomitee und der Ehrenfelder Gruppe um Bomben-Hans und Bartholomäus Schink gab es Verbindungen. Hauptkontaktperson war der Kommunist Engelbert Brincker, des weiteren ein KPD-Mann namens Hans, auch «blonder Hans» genannt. Bis Ende 1944 kam es im Zusammenhang mit der Zerschlagung der Kölner Widerstandsgruppen zu über 500 Verhaftungen. Engelbert Brincker beging in der Haft nach schwerer Folter Selbstmord.
20. Wurde u. a. nach dem Kriege über das sogenannte Bundesentschädigungsgesetz (BEG) geleistet, offiziell «Bundesgesetz zur Entschädigung für Opfer der nationalsozialistischen Verfolgung», das am 29. Juni 1956 in Kraft trat. Zuvor Bearbeitung von Ansprüchen nach dem sogenannten «Bundesergänzungsgesetz» (1953). Die Frist für Anträge nach dem BEG ist seit 1959 abgelaufen. Die VVN-Vereinigung der Verfolgten des Naziregimes forderte bisher vergeblich, daß diese Antragsfrist ersatzlos gestrichen wird. Denn eine solche Frist gibt es in keinem anderen Sozialgesetz. Während Wiedergutmachungsanträge einfacher Bürger (z. B. der Mutter Bartholomäus Schinks) jahrelang brauchten, bis sie abschließend bearbeitet wurden, arbeitete der Behördenapparat bei Wiedergutmachungsanträgen prominenter Persönlichkeit wesentlich schneller. Ein Beispiel hierfür ist der Fall Eugen Gerstenmaier (CDU), ehemals Bundestagspräsident. Die Bearbeitung dieses Antrages benötigte ganze drei Monate. Gerstenmaier erhielt 281 700 Mark. Da es aber hier nicht mit rechten Dingen zugegangen war, mußte Gerstenmaier anschließend aus der aktiven Politik ausscheiden.

21. «Hilfsgemeinschaft auf Gegenseitigkeit». Ende der vierziger Jahre gegründete Organisation ehemaliger Angehöriger der Waffen-SS. Anfangs diente die HIAG angeblich nur zur Durchsetzung von Pensions- und Rentenforderungen und zur Aufklärung von Vermißtenschicksalen. Später aber begann sie die alten SS-Traditionen zu pflegen und trieb unverhüllte Nazipropaganda.

Quellennachweis der Abbildungen

Karoline Banten: Seite 10, 55, 67, 69, 125
Wolfgang Schwarz: Seite 33, 35
Rheinisches Bildarchiv: Seite 85, 87
Walter Kuchta: Seite 97 oben und unten
Gernot Huber: Seite 105, 108 oben und unten
Droste Verlag: Seite 127
Alexander Goeb: Seite 148

rororo panther

herausgegeben von Jutta Lieck und Uwe Wandrey
Eine Auswahl

Michel del Castillo
Elegie der Nacht
Eine Jugend in
Straflagern
rororo 4482

Jane Cousins
Make it happy
Das Buch über Liebe,
Lust und Sexualität
rororo 4495

Roswitha Fröhlich
**Ich konnte einfach
nichts sagen**
Tagebuch einer
Kriegsgefangenen
rororo 4470

Frank Göhre
So läuft das nicht
Roman
rororo 4639

Michael Grupp
Umschalten!
Energiefibel
Anders leben 1
rororo 4457

Jan Hans (Hg.)
**Aber besoffen
bin ich von dir.**
Liebesgedichte
rororo 4456

Michael Holzner
Treibjagd
Die Geschichte des
Benjamin Holberg
rororo 4622

Kein schöner Land?
Deutschsprachige
Autoren zur Lage
der Nation
rororo 4458

Grüne Lieder
Umwelt-Liederbuch
Anders leben 2
Hg. von Manfred
Bonson
rororo 4640

Udo Lindenberg
Hinter all den Postern
Aufgerissen von
Steve Peinemann
rororo 4522

Alberto Manzi
**Amigo, ich singe
im Herzen**
Roman
rororo 4621

Hansjörg Martin
Der Verweigerer
rororo 4508

Angelika Mechtel
**Wir sind arm
wir sind reich**
rororo 4459

Rüdiger Nüchtern
Schluchtenflitzer
Filmroman
Mit über 400 Fotos
rororo 4481

Brigitte Rohkohl
Rock-Frauen
Interviews, Fotos,
Hintergründe
rororo 4454

Harald Tondern
Colombian Connection
Drogenkrimi
rororo 4455

Aki Wolter,
Hans Poethko (Hg.)
**Was auf den Nägeln
brennt**
Literarische Texte
seit '65
rororo 4570

Wie schafft ihr das?
Mädchen fragen
Frauen
rororo 4509

1006/2